Zauber der Mythen

Herausgegeben von Theodor Seifert

Die Buchreihe „Zauber der Mythen" will mit der Darstellung einzelner Mythen durch verschiedene Autoren den Zugang zu einem in jedem Menschen vorhandenen Fundament von Lebenskraft und Lebensmöglichkeit vermitteln, ein Wiedererinnern ermöglichen.

Die einzelnen Bände zeigen, wie genau die alten Geschichten mit ihren Göttinnen und Göttern, Helden, Schicksalsverläufen und ewigen Gesetzen Lebensfragen darstellen und menschliche Probleme abbilden, die uns noch genauso vertraut sind wie unseren Vorfahren.

Die Geschichten sind faszinierend und ergreifend. Wir begegnen uns selbst in ihnen, schauen und erleben die Kraft und Weite unserer Seele, ihrer bislang nicht ausgeloteten Möglichkeiten. Wir spüren, was wir uns vorenthalten haben, wenn wir diese ewigen Themen unserer Existenz vernachlässigen. Ihnen zu begegnen ist dem Erleben vergleichbar, in dem sich die Bedeutung eines großen Traumes zum ersten Mal erschließt. Die Mythen spiegeln unser Leben und vermitteln die Gewißheit, daß es sinnvoll gelebt werden kann.

Elisabeth Hämmerling

Sonnenfeuer

Das Wunder der Lebensenergie

Kreuz Verlag

CIP-Titelaufnahme der Deutschen Bibliothek

Hämmerling, Elisabeth:
Sonnenfeuer : das Wunder der Lebensenergie /
Elisabeth Hämmerling. – 1. Aufl. – Zürich : Kreuz-Verl., 1990
(Zauber der Mythen)
ISBN 3-268-00106-8

1. Auflage
© Kreuz Verlag AG Zürich 1990
Umschlagfoto: Manfred P. Kage
ISBN 3 268 00106 8

Inhalt

Vorwort

Die erste Kommunion
haltet mit dem Engel der Sonne.
Sie kommt jeden Morgen
wie eine Braut aus der Kammer,
um ihr goldenes Licht auf die Welt zu gießen.
O du unsterblicher, leuchtender, schnellfüßiger
Engel der Sonne!

Durch dich wird die Blume
in meiner Körpermitte geöffnet.
Darum will ich mich niemals
vor dir verbergen.
Engel der Sonne,
Heiliger Bote der Erdenmutter,
betritt meinen heiligen Tempel
und gib mir das Feuer des Lebens!

> *Székely: Das Evangelium der Essener*

Sie hat uns Menschen schon immer intensiv beschäftigt. Wie oft bestimmt sie unser Gesprächs-
thema bereits am frühen Morgen, wenn wir unseren
Vorhang zurückziehen oder jemanden begrüßen.
Vom ersten bis zum letzten Augenblick unseres Lebens blicken wir ihr ins Auge und erhoffen uns sogar
für unser nachtodliches Sein, daß uns dies Wesen in

einem neuen Licht leuchte. Das Wesen mit einer solchen Allmacht ist die Sonne. Für uns ist sie weiblichen Geschlechts, die Völker der romanischen Sprachfamilie und die Griechen sprechen von „ihm", einer männlichen Sonnengestalt.

Sie hatte in vielen Kulturen den Rang eines hochverehrten und gefürchteten Gottes oder einer Göttin, ja ihr Lichtwesen diente als Vor-Bild der Gottheit und göttlicher Energie schlechthin. Kein Wunder also, daß die Sonne seit Menschengedenken die mythische Phantasie angeregt hat!

Wie recht die alten Mythen und heiligen Sonnensymbole mit ihrem intuitiven Wissen von der „göttlichen" Sonne haben, erweist die heutige Forschung. Sie zeigt, daß das Sonnenlicht eine sehr vielseitige elektromagnetische Strahlung ist, die wie ein in vielen Wellenmustern gewebter Strahlenmantel die Erde umhüllt. Als „Antwort" auf das Licht haben alle Lebewesen im Laufe der Evolution besondere biologische Funktionsweisen entwickelt, um es aufzufangen und zu verarbeiten – und unter ihnen besonders der Mensch. Goethe hat den bekannten Vers vom Sonnenauge gedichtet und trifft damit den Kern:

Wär nicht das Auge sonnenhaft,
wie könnten wir das Licht erblicken? ...

Doch der wunderbare Aufbau des Auges entspricht nicht nur dem *optischen Reiz,* den das Sonnenlicht auslöst und den unser Auge über den Sehnerv zum Sehzentrum in der Großhirnrinde weiterleitet, sondern das Auge verarbeitet ständig auch *energetische* Reize, Sonnenenergien, die es über eigene Energiebahnen in das Zwischenhirn leitet.

Dort stimulieren diese Energien die innersekretorischen Drüsen Hypophyse und Epiphyse. In diesen winzigen Wunderwerken ist eine biologische Uhr verborgen, durch die die Sonne die subtilsten Wirkungen im ganzen Organismus lenkt: den Stoffwechsel und die Hormonausschüttung anderer Drüsen, den Biorhythmus, das Immunsystem, die Fruchtbarkeit, die seelischen Empfindungen.

Nicht nur das Auge ist „sonnenhaft", sondern jede lebende Zelle ist „lichthaft"! Zwei Physiker haben kürzlich, auf älteren Beobachtungen fußend, die Verständigung der lebenden Zellen durch Licht entdeckt: die Biophotonen-Strahlung, ein ultraschwaches Feuerwerk von Blitzen, die in den Gewebeverbänden aufleuchten und auf diesem Wege Nachrichten der Zellen untereinander austauschen. Wir können also von einer „Lichtsprache" der Zellen sprechen, auch sie von der Sonne gelenkt!

Die Griechen verehren die mächtige Sonnenenergie in der Symbolgestalt des Helios und nannten ihn den großen Lenker am Himmel.

Der große jahreszeitliche Rhythmus des Lichtes prägt unsere frühesten, tiefsten Erfahrungen. Schon unsere alteuropäischen Vorfahren beobachteten und verehrten den Sonnenlauf, und er inspirierte sie zu ihren Jahreszeitenfesten. Ihre Kultplätze können wir noch heute begehen. Doch auch unser eigenes Erleben finden wir gespiegelt in den germanischen Mythen um den Lichtgott Balder. Die dunkelste Zeit des Jahres wurde ihm zwar zum Verhängnis, doch uns kann sie die verwandelnde Kraft unserer Seele offenbaren, aus dem Dunkel das Licht neuer Erkenntnis und Lebenskraft zu gebären.

Der „Reigen" der großen Sonnen- und Lichtgottheiten schließt mit Apollon, dem Leierspieler und Bogenschützen. Schon das göttliche Kind offenbart bei seiner Lichtgeburt, wie energiegeladen seine Wirkung ist. Von Apollon können wir lernen, die Spannung der Gegensätze im Leben, unter der wir so oft ohnmächtig leiden, in Kreativität und neue Harmonie zu verwandeln. So entfaltet das Licht seine verbindende, heilende Kraft und erweckt den Lebenskeim in jeder Zelle – ebenso wie in unseren Sinnen und dem Geist.

Erster Teil
Lebensreise im Sonnenwagen
Gelenkte Energie am Himmel und im Herzen

Dem Helios
Ein Rauchopfer von Libanonmanna

Hör mich, Glückseliger! Waltend
Des alldurchschauenden, ewigen Auges,
Fernhochwandelnder, himmlische Leuchte,
Goldblinkender Titan;
Unermüdlicher, Selbsterzeugter,
Holder Anblick der Lebenden!
Zur Rechten der Morgenröte
Erzeuger, zur Linken der Nacht,
Du mengst im Viertakt des Reigens
Der Horen wechselnde Schar;
Schnellfüßiger, Feuriger, Wirbelentfacher,
Heiterblickender, Lenker des Wagens,
Der in Wirbeln umfährt
Des unermeßlichen Kreises Bahn.
Frommen ein Weiser zur Schönheit,
Doch den Bösen feindlich gesinnt.
Du lenkst mit goldener Leier
Des Alls harmonische Bahn,
Aufzeiger der Werke des Guten,
Held, der die Horen ernährt.
Herrscher des Alls, mit Flötengesang,
Feuriger Renner, im Kreise wirbelnd,
Schimmernder Bringer des Lichts,
Spender des Lebens, fruchtgebender Paian,
Ewigblühender, Fleckenloser,
Vater der Zeit, unsterblicher Zeus!
Heiterer, Allerleuchtender,
Kreisendes Auge des Alls,
Brennend und lodernd, schönglänzend in Strahlen,
Richter des Rechtes, der Flüsse Freund;
König des Weltalls, Wächter der Treue,

Immerdar Höchster, Helfer und Freund,
Lebenslicht, der Gerechtigkeit Auge,
Rosselenker, mit schwirrender Geißel
Den vierspännigen Wagen treibend –
Helios, höre mein Wort:
Wonniges Leben zeige den Mysten[1]!

Hier stimmt der orphische Sänger einen Hymnus auf den griechischen Sonnengott Helios an, und die höchsten Töne, die gewaltigsten Bilder sind ihm gerade recht. Die ungeheure leuchtende Erscheinung dieses Gottes, die Fülle seiner sichtbaren und unsichtbaren Wirkungen inspirieren den Sänger zu immer neuen Wortschöpfungen, sie reißen ihn hin zur Begeisterung. Uns Heutigen, die wir eher distanziert und kritisch solch einer großen Begeisterung gegenüberstehen, mag diese Hymne barock und überladen erscheinen. Und doch: Wie anders soll die Sprache eines Menschen, der von diesem all-täglichen Wunder des Lichtes am Himmel und damit auch des Lichtes in seiner eigenen Seele ergriffen wird, antworten als mit der Fülle vielfarbiger, symbolstarker Bilder?

Wir finden diesen altgriechischen Hymnus in einem Hymnenbuch mit 88 Liedern, das in der Liturgie des orphischen Mysterienkultes Verwendung fand. Die Orphiker – seit etwa 600 vor Christus als Schule in Griechenland tätig – nannten den frühgriechischen Eingeweihten und Sänger Orpheus ihren Gründer und Lehrer, da er sie in das geheime Wissen um das Schicksal der ewigen Seele einführte. Diese Hymnen waren zwar nicht von ihm selbst, aber in seinem Geist geschaffen. Ähnlich wie die alttestamentlichen Psalmen diente das Hymnenbuch dazu, die vielen Erscheinungen der Gottheit in immer neuen Wendungen feierlich anzurufen und sie mit diesem Lobopfer zum Gottesdienst einzuladen. Dieser Gottesdienst war bei der orphischen Kultgemeinschaft mit einem heiligen Mahl verbunden, an dem der Gott als Gast teilnahm. So war er – nicht der Mensch – der Adressat und Hörer dieser Anrufungen. Daher mag sich auch die Häufung der verschiedenen Namen des Helios: „Fernhochwandelnder", „Wirbelentfacher", „Ewiges Auge" und „Selbsterzeugter" erklären. Sie dienen nicht einem literarischen Zweck, richten sich also nicht an den Menschen, sondern wir können sie verstehen als Invokationen – wirksame Anrufungen bestimmter Wirkungen des göttlichen Geistes. Ruft man den Namen, so meldet sich dessen Träger. Die Invokation „Wirbelentfacher" zum Beispiel ruft diejenige Helios-Kraft an, die Energiewirbel in Bewegung versetzt und damit neue Lebensformen erschafft. Solche Invokationen können wir im Ritus vieler Religionen seit alter Zeit finden, nicht nur bei den Orphikern.

Gleichzeitig dienen diese Gottesnamen der meditativen Einstimmung des Sängers und der Kultgemeinschaft in die Wirkkräfte der Gottheit. Indem die verschiedenen göttlichen Wirkungen imaginiert, sprachlich gestaltet und so zu Klang und Wort werden, treten sie ins menschliche Bewußtsein, die „Macht der Bilder" beginnt zu wirken. Die intensivierende Wiederholung dieser Namen dient dazu, wie jeder Lehrende oder Lernende weiß, das Erkannte zu festigen und der Seele einzuprägen. Erst so kann es seine Kraft entfalten. Die Erkenntnisse der Gehirnforschung über das Langzeitgedächtnis sind gewiß auch auf das imaginative Gedächtnis anzuwenden: Es ist also nicht gleichgültig, welche Bilder wir tagtäglich in uns aufnehmen! Wenn die Seele von der Kindheit an nur noch durch das Fernsehen und die Massenpresse mit Bildern versorgt wird, meistens alltäglichen „Wegwerfbildern", müssen wir uns über die seelische und auch religiöse Verödung und Verrohung vieler Menschen nicht wundern.

Mögen wir auch heute dem religiösen Gebrauch dieser großen kosmischen Helios-Bilder des Hymnus fernstehen, so können sie doch unsere Imagination beflügeln, das Wesen der Sonne tiefer zu erfassen und neu zu verstehen – und uns damit zugleich die Sonnenkraft in unserem eigenen Wesen bewußtzumachen. Die Leuchtkraft und die wärmenden Strahlen der Sonne lassen wohl keinen empfindenden Menschen „kalt", weder seine Haut noch seine Seele und seinen Geist. So mögen auch die symbolischen Bilder dieses Hymnus „helle Freude" und Seelenenergie in uns erwecken.

Helios, der Lenker des himmlischen Feuers

Hör mich, Glückseliger! ...
Fernhochwandelnder, himmlische Leuchte ...
Schnellfüßiger, Feuriger, Wirbelentfacher,
Heiterblickender, Lenker des Wagens,
Der in Wirbeln umfährt
Des unermeßlichen Kreises Bahn ...
Feuriger Renner, im Kreise wirbelnd ...
Rosselenker, mit schwirrender Geißel
Den vierspännigen Wagen treibend ...

Fern über uns erhebt sich Helios am Himmel, ein goldglänzender, feuriger Riese im schnellen Rennwagen. Fest hält er die Zügel in der Hand, mit Kraft und Heiterkeit lenkt er sein wildes Vierer-Gespann der weißen Sonnenpferde. Er ist der Lenker: Er kennt und steuert die urtümlichen Kräfte. Nach seinem Willen treibt er sie an zu höchster Leistung – und zügelt sie gleichzeitig, so daß sie das Maß, das er ihnen gesetzt hat, nicht verlassen, ihre Bahn genau verfolgen, ihre Geschwindigkeit einhalten. Er weiß um seine Spiralbahn im Sonnenjahr, die in ausgleichender Gerechtigkeit alle Zeichen des Tierkreises berührt und sie als kosmische Energien zur rechten Zeit der Welt und den Menschen verfügbar macht; er weiß um die rechte Entfernung zur Erde, damit seine feurigen Energien Leben erschaffen und nicht

17

zerstören. Trotz des klaren Maßes, das er seinen Pferden, seinen „Krafttieren" setzt, ist er der Herr über die Wirbel oder Spiralen. Sie sind Ausdruck lebendiger Energieentfaltung im Kosmos, auf der Erde und bei uns Menschen. Sie äußern sich als kreisförmige Prozesse des Ein- oder Ausrollens, als In- oder Evolution all dessen, was Welt und Kosmos ausmacht. So finden wir die Energie-Spirale in den Spiralwirbeln der Milchstraßensysteme, in den Luft- und Wasserzirkulationen der Erde und des Luftraums, doch auch in verfestigter Form bei Muscheln oder Schnecken in ihrer spiralförmigen Schale. Ja wir finden sie auch im vom Blut bewegten Herzmuskel des Menschen und im wässerigen Milieu seines Innenohres als Cochlea (Schnecke); denn überall, wo Energie fließt, bilden sich Wirbel. Schließlich auch im energetischen Bereich unserer Körperlichkeit: Unsere Energieaufnahme und -abgabe ereignet sich in den feinstofflichen Energiezentren (indisch: chakra, Räder), die mit den Nervengeflechten und innersekretorischen Drüsen unseres Körpers verbunden sind, so zum Beispiel dem Sonnengeflecht, der Zirbeldrüse, dem Thymus und den Sexualhormondrüsen. Mit diesem fein abgestimmten Energiewerk hat Helios zu tun, auch hier ist er der Entfacher und Lenker der Lebensenergien. Wer von uns kennt nicht die Energieaufladung, wenn wir uns mit entblößtem Körper sonnen? Oder die neue, frische Seelenenergie, wenn wir nach Tagen oder Wochen mit düster verhangenem Himmel endlich wieder einen hellen Sonnentag begrüßen, auch wir „heiter blickend" nach der eher gedrückten, bedeckten Stimmung?

Für den Sänger unseres Helios-Hymnus, einen

Menschen der Antike, war das Erlebnis der Wagenrennen der höchste Ausdruck von Schnelligkeit und gelenkter Kraft. Das Gespann von vier „Pferdestärken", der leichte zweirädrige Wagen, in dem der Lenker stand und sein Gespann antrieb und zügelte, stand ihm vor Augen, wenn er den Weg der Sonne am Himmel beschreiben wollte. Er schaute das UrFeuer des Lebens mit seinen unbändigen Energien verkörpert im gezähmten Pferd, das Jahrtausende lang die bewunderte Errungenschaft der Kulturvölker war. Er schaute die Kraft des weisen und willensstarken Lenkers in einer Menschengestalt und mit dem Geist des Gottes Helios begabt. Und er wußte, daß dies Wunder am Himmel nicht selbstverständlich ist, sondern auf einem kosmischen Gleichgewicht beruht. Der nachdenkliche Mensch der Antike vertraute auf das kosmische Prinzip, das er „Zeus" nannte, und rief es an, über dies Gleichgewicht zu wachen. Solch tiefes Vertrauen ist den meisten Zeitgenossen heute abhanden bekommen. Oder doch nicht? Könnten wir überhaupt einen Tag leben, wenn nicht tief in unserem Herzen ein Urvertrauen nistete in einen transzendenten guten Willen, der das Leben liebt?

Nicht nur wir fürchten bevorstehende Katastrophen, der antike Mensch wußte ebenfalls um sie. Wenn der Hüter des Gleichgewichtes nicht aufpaßte oder die Falschen die Zügel ergriffen, könnte die Katastrophe jederzeit hereinbrechen.

Eine solche Katastrophe, so erzählt ein anderer Mythos, hat sich ereignet, als Helios seinem Sohn Phaëthon das unbedachte Versprechen gab, ihm jeden Wunsch zu erfüllen. Natürlich wünschte der Knabe das, was die Eigenheit und Kunst des Vaters ausmachte: Er wollte einmal ganz allein das feurige Sonnengefährt lenken. Vergeblich warnt Helios:

Sterblich zu sein ist dein Los –
Unsterblichen ziemt, was du wünschest!
Ja, du Verblendeter trachtest nach mehr,
als jemals den Göttern
Selbst zu erreichen vergönnt ist[2]!

Der Sohn besteigt, ohne der Warnung zu achten, den Sonnenwagen. Weder kennt er seine eigenen Fähigkeiten und deren Grenzen noch die Kräfte der Pferde, die er lenken will, und kann, von Entsetzen gepackt, die Zügel nicht mehr halten. Die Pferde gehen ihm durch, und in dem Inferno, das er auf der Erde verursacht, geht alles Leben zugrunde, im Feuer, an der Hitze und Trockenheit. Mit seinem Blitz trifft Zeus die entfesselte falsche Sonne, um noch Schlimmeres zu verhüten, und Phaëthon stürzt zur Erde, denn: „Meistern konnt er ihn nicht." Meistern kann nur der Meister, lenken nur der Lenker, Phaëthon war weder Lenker noch Meister. Er war „Sohn" und hätte bestenfalls Schüler oder Lehrling des Helios sein können, denn der Name Phaëthon bedeutet „Der Glänzende" oder „Der Scheinende".

Aus einem ganz anderen Grund ist dieses mythologische Zeugnis vom gefährlichen Phaëthon hochinteressant. In ihm hat sich, wie so oft, eine frühe Erfahrung der Menschheit bewahrt. Es gab und gibt ihn, diesen Phaëthon, der plötzlich auftaucht, hell glänzt wie eine Sonne, mit leuchtendem Haarschweif: Es ist der regelmäßig in verschiedenen Abständen zur Erde wiederkehrende Komet Halley, der mehrfach Weltbrände hervorrief (vgl. S. 118).

Das Herz, der Lenker in uns

In manchen Wohnstuben der Generation meiner Eltern hing eingerahmt ein Spruch, der beginnt: „Hab Sonne im Herzen, ob's stürmt oder schneit . . ." Der Spruch ist recht naiv, aber er trifft den Kern. Das Herz ist das Organ in uns, das die Eigenschaften des Helios, der Sonne, am deutlichsten verkörpert. Ich meine hier zunächst das physische Organ, doch zugleich seine geistige und spirituelle Funktion. Vieles, was die orphische Hymne am Lenker Helios preist, können wir auch unserem Herzen anerkennend zusprechen: Es ist unermüdlich und zuverlässig tätig; es ist „selbsterzeugt" in dem Sinne, daß es unwillkürlich und autonom arbeitet und dabei seine eigene Energie ständig selbst hervorbringt: Die rhythmischen elektrischen Impulse von 120 Minivolt für den Takt des Herzens gibt ein kleines „Elektrizitätswerk" an der äußeren Herzwand, das Nervenzentrum des Sinusknotens. Und schließlich bewegt das Herz das Blut, das ihm wiederum seine Energie zuführt. Wie die Sonne erzeugt das Herz einen Rhythmus: Dem Sonnentakt der Stunden, Tage und Nächte entspricht der Herztakt von Systole und Diastole (Kontraktion und Entspannung des Herzmuskels). Dieser Rhythmus bedeutet Leben, seine Unterbrechung hieße Tod.

Das Herz als ein seelisch-geistiges Organ weiß

ähnlich der Sonne um die Unterscheidung von Gut und Böse, denn in ihm wohnt das Gewissen. Wie Helios ist es „ein Weiser zur Schönheit"; so dichtet Paul Gerhardt:

Geh aus, mein Herz, und suche Freud
in dieser schönen Sommerszeit.

Und wie der heiterblickende Helios, der sich aber auch verfinstern kann, fühlt sich das Herz manchmal hell und warm, zu anderer Zeit dagegen finster und kalt. Wir können dem hinzufügen: Wie die Sonne ist das Herz das Organ der Mitte, und wie die Sonnenenergie erst Leben ermöglicht, so ist das Herz der Sitz der Lebenskraft, der Libido, die leiblich und seelisch-geistig unser Leben bestimmt. Die Libido kann manchmal träge und zäh fließen, ein anderes Mal sprudeln wir vor Energie. Als unsere Mitte und als Erzeuger unserer Libido repräsentiert es uns selbst, unser Innerstes, so wie das Sonnensystem nach der Sonne benannt ist. Wenn unser Herz stark ist, weil wir es öffnen, oder schwach, weil es verstockt ist, wenn wir unser Herz erfreuen oder betrüben – immer ist nicht nur dieses eine Organ, sondern unsere ganze Existenz betroffen. Das Herz hat dabei eine besondere Stellung unter allen Organen des Leibes. Diese Besonderheit als Lebenszentrum zeigt sich auch darin, daß das Herz als einziges Organ nicht von Krebs befallen werden kann. Seine Zellen sind offenbar so sehr an ihren Dienst für das Ganze gebunden, daß sie sich nicht verselbständigen und wuchernd entarten können!

Bei der Betrachtung des Herzens kann man das Physiologische kaum vom Psychischen oder Geistigen trennen, eines wirkt auf das andere ein. Das Herz als Organ ist unser physiologischer Lenker und will auch psychisch und geistig der Lenker unserer Persönlichkeit sein. Es will wie die Sonne das eigene Lebensgefährt selbst steuern und die Zügel führen. Der Seelenforscher C. G. Jung beschreibt, wie eng die Sonne mit dem Herzen verbunden ist:

„Die Sonne ist wie nichts sonst geeignet, den sichtbaren Gott dieser Welt darzustellen, d. h. die treibende Kraft unserer eigenen Seele, die wir Libido nennen, und deren Wesen es ist, Nützliches und Schädliches, Gutes und Böses hervorgehen zu lassen. Daß dieser Vergleich kein bloßes Spiel mit Worten ist, darüber haben uns die Mystiker belehrt: Wenn sie durch Verinnerlichung (Introversion) in den Tiefen ihres eigenen Wesens hinabsteigen, so finden sie ‚in ihrem Herzen' das Bild der Sonne, sie finden ihre eigene Liebe oder Libido, die mit Recht, ich darf wohl sagen, mit physikalischem Recht, Sonne genannt wird. Denn unsere Energie- und Lebensquelle ist die Sonne.

So ist unsere Lebenssubstanz als ein *energetischer Prozeß* ganz Sonne."[3]

Die psychosomatische Medizin hat es mit diesem engen Zusammenhang zu tun. Viele Menschen reagieren in bestimmten Situationen mit Herzneurosen (Herzphobien), besonders dann, wenn sie als Kinder ihren Mut und ihre Autonomie nicht recht entfalten konnten und es ihnen nicht gelang, sich aus ihrer Abhängigkeit von den Eltern und besonders von der Mutter zu lösen. Treten im späteren Leben Konfliktsituationen auf, die das Thema der eigenen Unabhängigkeit betreffen, so kann das Herz „zerrissen" werden und mit einer Herzphobie reagieren. Es hat ja von Kindheit an gelernt, sich an die Mutter oder eine emotionale Ersatzperson zu klammern, und antwortet mit großer Angst, wenn ein Verlust der Liebe dieser Mutterfigur droht. (Das kann die eigene Mutter, aber ebenso eine andere Person sein, zu der eine enge Bindung besteht.) Der Liebesverlust käme in diesem Fall einem Selbstverlust gleich. Auf der anderen Seite aber ist der Mut und die Selbständigkeit das höchste Gut des Herzens, und der jetzt drohende Verlust wird zu einer Versuchung, die Abhängigkeit von der Mutterfigur endlich zu lösen. In dieser Ambivalenz wird das Herz hin- und hergerissen, buchstäblich zerrissen – doch dies nur psychologisch, nicht physiologisch, denn bei einer Herzneurose ist keinerlei krankhafte Veränderung am Herzorgan festzustellen. Jedoch sind die Herzschmerzen und die Angst, das Herz könne aufhören zu schlagen, unerträglich stark, so daß viele Herzpatienten ihr Herz fast wie eine Mutterfigur behandeln. Sie schonen es, unterwerfen sich ihm mit ständiger ängstlicher Sorge bedingungslos, um es nicht wieder zu „erzürnen" und seine „Strafe" zu riskieren. Doch im Grunde ist dieser schmerzhafte Protest des Herzens sein Schrei danach, „gehört" zu werden und seine Autonomie als Lenker endlich zu erlangen. In einer die ärztliche Behandlung begleitenden Psychoanalyse gelingt es manchmal, die Konfliktsituation, die den Herzanfall auslöste, zu erkennen und an dieser Leitlinie zu dem Urkonflikt vorzudringen, nämlich der symbiotischen Abhängigkeit von der Mutter oder dem Drang nach Befreiung und Selbstbestimmung.

Von einer anderen Herzkrankheit sind vor allem Männer betroffen: dem Infarkt. Die Verkalkung der

Koronargefäße führt buchstäblich zu einer „Versteinerung" des Herzens bis hin zu seinem Stillstand. In Abwandlung des bekannten Sprichwortes möchte man beim Infarktkranken sagen: „Wer nicht (auf sein Herz) hören will, muß fühlen" – denn viele dieser oft erfolgreichen Führungskräfte sind einseitig nur an Macht, Einfluß und an ihrem Terminkalender orientiert und nehmen sich keine Zeit dafür, das innere Gleichgewicht wiederherzustellen, das heißt auch Zeit für das Unberechenbare zu haben und das Fließen von Gefühlen zuzulassen. Auf den lebendigen Rhythmus des Herzens zu hören könnte ja gefährlich werden, der starre Arbeitstakt käme durcheinander. Die Besessenheit durch die Dominanz oder die Arbeit läßt die Libido, die Liebe und den Mut zum Leben, im Laufe der Zeit stagnieren. Auch die einfühlende Liebe zu sich selbst, denn Infarktkranke haben selten Zugang zu ihren psychischen Problemen. Wenn aber das Herz als innere Instanz nicht mehr geachtet wird, äußert sich das am physischen Organ. Die zuleitenden Gefäße versteinern und legen das Herz lahm. Dabei scheint – wie neuere Forschungen ergeben – der Herzstreik nicht ursächlich von der Verstopfung und Verkalkung der Blutgefäße auszugehen, sondern als erstes versagt der elektrisch-nervale Teil des Herzens, also seine energetische Funktion! Dies weist darauf hin, daß die Kraft und Gesundheit des Herzens vorrangig mit der Energie, der Lebensenergie oder der Libido, zusammenhängt und die physischen Veränderungen der Gefäße lediglich Folgeerscheinungen energetischer Vorgänge sind. Physisches und Seelisch-Geistiges sind kaum zu trennen.

Jetzt mag vielleicht mancher Leser den Einwand

erheben: Ist denn nicht auch der große Lenker am Himmel ununterbrochen tätig, schläft und schlummert nicht, sondern folgt als „Führungskraft" der vorgezeichneten Bahn, seinem „kosmischen Terminkalender"? So, wie wir auf der Erde die Sonne sehen und erleben, „weiß" sie von dem lebendigen Rhythmus von Auf und Ab, Tag und Nacht, Aktivität und Empfänglichkeit. Wie das Herz kennt auch Helios eine Systole und Diastole. Wie er das macht, werden wir jetzt sehen.

Helios' Fahrt
über das Nachtmeer
Der Lenker gibt die Zügel aus der Hand

> Aber das Irrsal
> hilft, wie Schlummer, und stark machet
> die Not und die Nacht.
>
> *Friedrich Hölderlin*

Dieser Herzens-Rhythmus von Systole und Dia-stole, von Anspannung und Entspannung ist noch immer bestimmend für das menschliche Leben. Am deutlichsten erleben wir diese Polarität in unserem Bio-Rhythmus, durch den wir uns den Erscheinun-gen von Tag und Nacht, Licht und Dunkel anpassen. Wie wir bereits sahen, steuert das Licht auf vielfälti-ge Weise unsere inneren Rhythmen. Hierin ist He-lios das große Vorbild und der Vorgänger. Von ihm können wir lernen, welch tiefer Sinn im Weg durch die Finsternis und in der Hingabe an das Dunkel liegt – ein Sinn, der dem Tagesbewußtsein vieler heutiger Menschen nicht einleuchten will. Vielleicht leuchtet er dem Nachtbewußtsein eher ein?

So erzählen die griechischen Mythen von der Nachtfahrt des strahlenden Helios:

Es wurde erzählt, daß der Sonnengott in der Stunde seines Untergangs in einen großen golde-nen Becher steigt... Der Becher trägt ihn... durch die Wogen, ein hohles Lager voll Lieblichkeit, das

27

Hephaistos aus kostbarem Golde geschmiedet und mit Flügeln versehen hatte. Über dem Spiegel der Wasser führt dies Fahrzeug den schlafenden Gott in reißender Schnelle von der Stätte der Hesperiden (im äußersten Westen) hin zum Lande der Aithiopen (im äußersten Osten), wo der schnelle Wagen und die Rosse für ihn bereitstehen, wenn die Morgengöttin, die frühgeborene Eos, naht...[4]

Für andere griechische Erzähler hat der Sonnengott in seinem Gefährt nicht geschlafen, sondern seine Herrschaft als König ausgeübt:

Ging er allabendlich unter, so bedeutete das für unsere Vorfahren nur eine andere Herrschaft des Helios, sei es über Menschen, lebendige und tote, die die andere Seite der Erde bewohnten, sei es in der Tiefe der heiligen, dunklen Nacht, bei seiner Mutter, bei der Gattin und den lieben Kindern[5].

Der goldene Becher, den Helios als Gefährt der Nacht besteigt, hat schon immer meine Phantasie beschäftigt. Wie soll man sich das vorstellen? Es muß ein Becher von riesigen Ausmaßen gewesen sein, eher ein Kessel oder Tiegel. Seine Form erinnert auch an ein rundes Boot – oder an den Halbmond, der in südlichen Ländern ja nicht als Horn, sondern als liegende Schale erscheint, dem Schiff oder Becher ähnlich. Dann hätte die Herrin der Nacht, die Mondin, den Sonnengott in ihrem Becher oder Leib getragen? In der Symbolsprache der alten Frauenkultur sicherlich, denn da war sie eine Erscheinungsform der Großen Göttin als die „Weithin Leuchtende" oder „Weit Wandernde" in der Nacht;

und so heißt sie „die heilige Nacht", die „Mutter"
oder Gebär-Mutter. Der energiegeladene Gott des
Tages legt sich hingebungsvoll in diesen Kessel und
nutzt die Nacht zur Regeneration – wörtlich: zur
Neugeburt – seiner Kräfte. Doch warum ein Kessel
und kein bequemes Lager? Der Kessel ist ein Leib,
in dem eine neue Geburt vorbereitet wird. Diese
verlangt eher Sammlung und Konzentration als be-
queme Ruhe. Der Kessel der Neugeburt gehört
schon immer in die Hand der göttlichen Mütter und
so auch der Magierinnen und Heilerinnen der alten
und neuen Frauenkultur: Im Kessel findet der Prozeß der Umwandlung und Verjüngung statt. Doch
auch in der christlichen Ikonographie findet man
ihn: so auf russischen Ikonen, die die Vita eines
Heiligen erzählen. Da sieht man oft den Kessel, in
dem der Heilige mit entrücktem Blick sitzt, um „be-
brütet", in der feuchten Hitze „gekocht" und als
neuer Mensch wiedergeboren zu werden. Zum „Brü-
ten" braucht es Hitze und Feuchtigkeit, Feuer und
Wasser. Diese Elemente hat Helios auf seiner Nachtmeerfahrt zur Verfügung. Vor allem ist notwendig,
daß der Bebrütete sich „hermetisch" absondert,
sich in die Stille seines Gefäßes zurückzieht und
dort meditiert. Auch in der Meditationspraxis des
klassischen Yoga entsteht die umschmelzende „Hitze" (tapas), deren transformierender Kraft sich der
Übende ganz hingeben muß. Wollen wir den Schlaf
des Helios nicht nur rein vordergründig als ein Aus-
ruhen verstehen – wogegen ja auch die seltsame
Bettstatt spricht –, so liegt diese Deutung am nächsten: Er „ruht" im Kessel der Verwandlung, damit er
hier in der Stille und Abgeschlossenheit meditieren
und sich selbst bebrüten kann. Nur so kann er sich

aus der Tiefe seines Wesens, dem großen Unbekannten, erneuern. Die reichen Früchte dieser Regeneration bringt er alle Morgen der Welt dar, läßt sie erscheinen und streut sie mit seinen Strahlen über die ganze Welt aus, die nun ihrerseits wachsen, blühen und Früchte tragen kann.

Der Vergleich des Helios mit einem Übenden der Yoga-Praxis liegt noch aus einem anderen Grund nahe. Der Kessel des Helios ist geflügelt und rast in riesiger Geschwindigkeit über die dunklen, weiten Wasser des Todes. Wer lenkt ihn? Der große und mächtige Lenker selbst ruht doch! Also lenkt niemand, nur das Ziel der Nachtfahrt ist deutlich. Also muß sich der starke Lenker einer fremden kosmischen Kraft überlassen und sich ihr anvertrauen, er muß sich bedingungslos ergreifen lassen; er weiß, was ihm geschieht, und gibt sich bewußt hin.

Ein Meditierender unserer Zeit und Kultur, der Jungsche Analytiker Walter Schwery, beschreibt seine Erfahrung mit dieser Bebrütung, die ihn umschmilzt und in ihm die Energie der KUNDALINI freisetzt (der „Schlangenkraft", Lebensenergie oder Libido):

„Ich nahm mir nochmals vor, mich offen, aber gleichzeitig möglichst kritisch-reflektierend den Erfahrungen, die sich einstellen mochten, zu überlassen ... Immer wieder wurde mir bewußt, wie sehr ich „ergriffen" war. In dieser Ergriffenheit wußte ich: ich bin der alchemistische Ofen. Die Kohle, ein latentes psychisches Energiepotential, wird angezündet durch SHAKTI-PAT (die Energie-Übertragung durch den Meister, die Verfasserin). Das Feuer ist die schwingende Kraft in mir, das PRANA. Meine Medita-

30

tion ist die Bebrütung TAPAS, Hitze, die mich umschmilzt, und die Wandlungssubstanz, die Methode
und die Kraft, das alles ist KUNDALINI. Es war vor
allem das Bild des Umgeschmolzenwerdens, das immer wieder vor mir stand."[6]

Schwery betont, er habe sich „offen, aber gleichzeitig kritisch-reflektierend" diesen dunklen Tiefen
der Seele überlassen, wie Helios im Kessel. Allerdings nicht eigenmächtig, sondern unter der Führung von Swami Muktananda. Der Guru verkörpert
das innere Ziel der Umschmelzung: ein neuer
Mensch zu werden. Das kann man in dem schmerz-
haften Prozeß der Selbsthingabe leicht aus dem
Blick verlieren, denn alles, woran man sich sonst im
Alltagsleben klammert, wird mit umgeschmolzen.
Der Meister ist das Geländer am Wege, das einen vor
dem Absturz oder vor dem Abheben bewahrt.

Nicht nur im Leben eines Meditierenden können
sich solche Kessel-Prozesse abspielen. Das Prinzip,
das Helios hier verkörpert, gilt für alle Menschen,
wenn sie es auch auf verschiedenen Ebenen und
verschieden bewußt leben mögen. Keinem bleibt die
Nacht der Seele erspart, sie erscheint in vielerlei
Gestalt, vielleicht als Not, die uns bedrängt. Sie ist
Teil des Weges zur Entfaltung unseres Wesens; neben der bewußt gesteuerten Tageshälfte des Lebens
ist sie die Zeit der Hingabe und der Reifung, die
„stark machet". Hölderlin, der um die Nacht der
Seele wußte, sagt es in seiner tiefen Sprache:

Aber das Irrsal
hilft, wie Schlummer, und stark machet
die Not und die Nacht.

Irrsal, Not und Nacht: Dem kann wohl jeder seine eigene Facette hinzufügen. Daß es „stark machet" und hilft: Dies Vertrauen erwächst aus dem inneren Wissen, das im Herzen verborgen ist. Der innere Lenker weiß um das größere Ziel all dieser schmerhaften Prozesse und verliert nicht den Mut.

Die Hingabe
der Sonnengöttin

Von dieser freiwilligen, bewußten Hingabe wird
auch in einer nordeuropäischen Mythe erzählt.
Sie handelt von der Sonnengöttin. In den Erzählun-
gen der Letten heißt sie Saule, die himmlische
Bäuerin[7].

Als Frau des Himmelsgottes wird Saule immer
wieder von ihm gefreit und befruchtet und kann Fülle und Reichtum an die Erde weitergeben, sie wie
auch ihre Sonnentöchter. Dieselbe Saule tritt aber
auch als goldlockige Jungfrau-Göttin auf, die ihren
Freier noch erwartet. Dann reitet oder fährt sie in
ihrem Sonnenwagen am Tag über den Himmelsberg.
Am Abend besteigt auch sie ein Nachtfahrzeug, das
Schiff (die Mondbarke?), und fährt über das dunkle
Weltmeer bis zum Morgen – genauso wie Helios. Bevor sie aber ihr Schiff besteigt, vollzieht sie – anders
als Helios – ein Opfer: Sie hängt ihren Gürtel an den
Sonnenbaum, der dem Weltenbaum als Achse der
Welt entspricht.

Der Gürtel gilt als magischer Träger der Kraft und
Macht über sich selbst. Da er in der Höhe zweier
Chakras getragen wird, des Solarplexus- und Sexual-
chakras, verkörpert er die Vollmacht seines Besitzers oder seiner Besitzerin über die Emotionen und
die sexuelle Energie. Er hat damit schützende und
absondernde Funktion. Da er die beiden elementa-

ren Kräfte seines Besitzers oder seiner Besitzerin hütet, hilft er zur Selbstbewahrung. Die Form des Gürtels deutet auf diese Selbstbewahrung hin: Wie der Gürtel ist auch sein Träger auf sich selbst zurückbezogen. Er oder sie „sammelt" sich selbst, um einem höheren Auftrag zu dienen. (Dies ist wohl der Sinn der Keuschheitsgebote in religiösen und kriegerischen Gemeinschaften.) Wenn *ein Mann* seinen Gürtel abgibt, so gibt er sich hin an seinen Auftrag oder seinen Meister (vgl. Petrus, zu dem Christus sagt: „Wenn du aber alt wirst, wird ein anderer dich gürten und dich führen, wohin du nicht willst" [Johannes 21, 18]). Wenn aber *eine Frau* ihren Gürtel weggibt – freiwillig oder erzwungen –, vergibt sie damit zugleich ihre sexuelle Selbstbestimmung, ihre Empfänglichkeit und Fruchtbarkeit. In der Nibelungensage zum Beispiel nahm Siegfried Brunhildes Gürtel und bemächtigte sich damit ihrer Macht und Geschlechtskraft, er vernichtete sie. Ebenso Herakles, der die Amazonenkönigin ihres Gürtels beraubte. Er nahm diesen Gürtel bezeichnenderweise nicht an, als sie ihn freiwillig geben wollte – als aktiven „Akt" weiblicher Hingabe an den Mann –, sondern tötete sie im Kampf und bemächtigte sich dann des Gürtels – mit der Siegerpose des Eroberers. Beide Frauen waren Kriegerinnen und dienten ihren Idealen, weshalb sie besonders des „Hüters ihrer Kraft" bedurften! Schmerzlicher und symbolträchtiger läßt sich wohl die Unterwerfung des Weiblichen unter die männliche Herrschaft kaum beschreiben: Sie bedient sich der Geschlechtskraft und der Emotionen.

Diesen besonderen Gürtel und Kraft-Träger hängt die Lenkerin, die Sonnenjungfrau, freiwillig an den

Sonnenbaum und gibt sich hin an den Prozeß der Verwandlung, „vermählt sich" mit ihm, so wie es Walter Schwery stellvertretend beschrieben hat.

Der einzige Sterbliche, der die Nachtfahrt im Kessel des Helios wagte, ja sie förmlich dem Gott abtrotzte, war Herakles. Ihm gab Helios seinen Sonnenkessel für eine Nachtfahrt und drückte damit aus, daß der Weg der Verwandlung, die Selbstbebrütung, auch den sterblichen Menschen zukommt. Das Tagesgefährt zu lenken warnte er seinen Sohn Phaëthon, wie wir schon wissen. Die Nachtfahrt läßt er zu.

Wenn wir Helios und der Sonnengöttin folgen, so gehört diese freiwillige Hingabe an „Irrsal", „Not und Nacht" im Kessel der Verwandlung oder das freiwillige Opfer des Kraftgürtels zu der Methode, die Meisterschaft zu erlangen und ein Lenker zu werden. Der Sohn Phaëthon hatte den Nachtkessel der Verwandlung noch nicht bestiegen, war also auch nicht dazu berufen, während des Tages zu lenken. Eine Hälfte der Vorbereitung fehlte ihm, und er mußte scheitern.

Wie wir sahen, ist dies auch das Problem der Infarktpatienten: daß sie der unberechenbaren Nachtseite und der Hingabe an sie keinen Raum in ihrem Leben gönnen.

Die königliche Pilgerin
Mut zum weiblichen Weg

Vor 51 Jahren starb in einem russischen Lager der große russische Dichter Ossip Mandelstam als ein Opfer der „Säuberungen" unter Stalin. Seine Gedichte werden bei uns in den Übertragungen Paul Celans gelesen, des Dichters jüdischer Abstammung wie auch Mandelstam, und in ihrer poetischen Kraft mit den Schöpfungen R. M. Rilkes verglichen.

Doch die Geschichte dieses Dichters mit der „nervösen, hohen, reinen Stimme" wären überhaupt verloren gewesen – für immer –, wenn nicht seine Witwe sie gerettet hätte: zusammengerollt in einem Kochtopf und in- und auswendig in ihrem Gedächtnis. Das Schicksal dieser Frau hat sich mir tief eingeprägt als ein Urbild erzwungener Pilgerschaft und weiblicher Hingabe – im Dienst für den männlichen Geist[8]. Von Ossip Mandelstam heißt es im Essay von Joseph Brodsky, er gleiche einem „modernen Orpheus": „Er wurde zur Hölle geschickt und kehrte nicht zurück, während seine Witwe, ein Sechstel der Erdoberfläche durchmessend, von einem Schlupfwinkel zum nächsten floh, den Kochtopf fest an sich gedrückt, in dem zusammengerollt seine Gedichte lagen, die sie sich nachts immer wieder hersagte für den Fall, daß sie von Furien mit einem Durchsuchungsbefehl gefunden würden. Das sind unsere Metamorphosen, unsere Mythen."[9] In ihrem

Kochtopf trug Nadeshda Jakowlewna Chasina den kostbaren Schatz, den sie vor der Vernichtung retten mußte; die „Nahrung" für den Geist, die erst dann „gar gekocht" und den Menschen gegeben werden kann, wenn der Deckel ihres Kochtopfes ohne Gefahr geöffnet und das Werk veröffentlicht werden kann. Die Botschaften Mandelstams sollten leben, auch wenn seine lebende Stimme gewaltsam zum Verstummen gebracht wurde.

Ihr Kochtopf: ein Kessel für die Nachtfahrt und die Wandlung in unserer Zeit. So zeigen sich unsere Mythen und unsere Metamorphosen heute, und sie bedienen sich der gleichen Symbole wie in alter Zeit. Es sind auch die gleichen Leiden, die solche Metamorphosen mit sich bringen. In der Ungeschütztheit und Angst ihrer Nachtmeerfahrt – die sich nicht nur in der Seele, sondern in der ganzen Existenz dieser Frau abspielte – hält die Flüchtende das Feuer des Geistes lebendig, die Stimme des ermordeten Dichters in ihrem Kochtopf.

Damit war ihre Flucht zugleich eine Pilgerschaft, getragen von dem Ziel, das ihre Liebe ihr setzte. Damit hat sie sich zugleich selbst gerettet: vor der Verzweiflung, dem seelischen Tod.

Bei aller inneren Teilnahme und Betroffenheit löst dieses weibliche Schicksal auch Zorn in mir aus. War sie wirklich dazu bestimmt, der Schatten ihres Mannes, sein Gefäß zu sein?

Während Mandelstam von Joseph Brodsky mit dem Mythos des großen Sängers Orpheus verglichen wird, bleibt Nadeshdas Tat ohne einen mythischen Bezug. Ihr „Werk" gilt offensichtlich, da es ja „nur" ein weiblicher Dienst ist, gar nicht als ein eigenes Werk.

So gesehen wiederholt Mandelstams Witwe das, was Frauen, die geniale und schöpferische Männer geliebt haben, immer getan haben. Sie dienten dem Werk ihrer Männer als Gefäß, spiegelten deren Kreativität und halfen ihnen als ihre „Schreibmaschine". Vor der Öffentlichkeit wurde dieser Dienst kaum gesehen, geachtet oder belohnt; diese Frauen erhielten keinen Platz in der gesellschaftlichen Erinnerung. Beispiele dafür gibt es mehr als genug. Gewiß wären ohne diesen Liebes-Dienst der Frauen vieler Jahrhunderte viele schöpferische Werke ihrer Männer nie entstanden oder überliefert worden. Es ist ganz gewiß kein schlechter Dienst, sich dem Geist zur Verfügung zu stellen, damit er sich inkarnieren kann. Die Anerkennung dafür steht aber noch aus.

Doch muß es immer der Geist des Mannes sein, dem sich die Frau zur Verfügung stellt? Wo bleibt sie mit ihrem Eigenen – ihrer Begabung, dem Dienst für ihren weiblichen Geist, der sich verkörpern will und eine Gestalt sucht? Und wo bleibt die männliche Unterstützung dabei?

Traditionell hat die Frau ihren inneren Lenker auf den Mann, mit dem sie sich verbunden fühlte, übertragen, selbst dann, wenn dieser Mann ihr geistig und energetisch unterlegen war. Er übernahm die Rolle der Sonne, die in der Öffentlichkeit leuchtet, sie die Rolle des Mondes, ließ sich bescheinen und empfing sein Licht. Schließlich war dies Bild zum Selbstbild der Frau geworden und wurde kaum hinterfragt – auch nicht von ihr selbst. Ihre eigene innere Sonne, ihr innerer Lenker war ihr kaum bewußt.

Durch die gesellschaftliche Entwicklung haben es Frauen heute leichter, den Mut zum eigenen Weg aufzubringen und ihn zu suchen. Doch fehlen ihnen dabei – anders als den Männern – die Vorbilder kreativen weiblichen Lebens, Modelle, an denen sie sich orientieren und die ihnen Sicherheit geben können. Aus dem Wissen um diesen Mangel machen sich immer mehr Frauen auf den Weg, nach solchen „Schwestern im Geist" zu suchen, und diese Suche ist nicht vergeblich[10].

Eine solche Lenkerin, die ihr Lebensgefährt in die eigene Verantwortung nimmt, ist die junge Königin aus dem Märchen „Die singenden Steine"[11]. Sie wurde zur Weggefährtin meiner eigenen Suche. Ich möchte sie bei ihrem Auszug begleiten und sehen, wohin ihr innerer Lenker, ihr Herz, mit ihr will.

Dieses ihr Herz taucht schon in der Einleitung des Märchens zweimal auf:

Eine junge Königin wünschte sich von Herzen einen Sohn. Sie betete Tag für Tag darum, doch ihre Bitte wurde nicht erhört. Da mußte sie oftmals weinen und sprach zu dem König: „Mein lieber Gemahl, ich mag nicht mehr deine Königin sein und im Schlosse wohnen; denn der Segen Gottes ruht nicht auf mir. Ich will alles verlassen und will unserem Volke und der lieben Erde dienen wie die niedrigste Magd." Der König antwortete: „Meine liebe Gemahlin, tue, was dein Herz dir sagt. Ich darf dich nicht halten. Aber kehre bald zurück; denn ohne dich ist das Leben ohne Freude." Da legte die Königin ihr goldenes Gewand in die Truhe; sie zog sich ein graues Kleid an und verließ das Schloß.

Ihr Herzenswunsch, fruchtbar zu sein und Leben hervorzubringen, wurde ihr nicht erfüllt. Sie ver-

stand, daß das etwas mit ihr, mit einer inneren Ver-
schlossenheit oder Stagnation zu tun haben mußte.
Sie schob ihre Unfruchtbarkeit weder ihrem Gemahl noch den Umständen zu, sondern nahm ihr
Leben selbst in die Hand, ohne zu wissen, was sie
dabei zu erwarten hatte. Sie hörte nur auf den inneren Ruf: „Tue, was dein Herz dir sagt." Als erstes
legte sie ihr Statussymbol und damit die Rolle der
Königsgemahlin in die Truhe. Hinter einer solchen
Rolle und der mit ihr verbundenen „Staatsräson"
kann man sein wahres Gesicht immer gut verbergen. Statt dessen wählte sie das unscheinbare graue
Gewand der Pilgerin und Dienerin und wollte dem
Volk und „der lieben Erde" dienen. Ihr Weg schien
also gleich mit einer Nachtfahrt zu beginnen: Wie
die Sonnengöttin legte sie ihre Machtattribute ab
und gab sich dem Dienst hin – doch freiwillig und
selbstbestimmt im Gegensatz zur Witwe Mandelstams.

*Unterwegs trifft die Pilgerin eine alte Frau, die
sie in ihren Dienst nehmen will. In einer armseli-
gen Hütte soll sie wohnen, sie soll Gänse hüten und
abends fleißig spinnen. Ihre Nahrung sind trocke-
nes Brot und Wasser aus dem Bach.*

Ihr Wunsch nach dem großen Dienst an Volk und
Erde wird ihr anscheinend nicht erfüllt, statt dessen
muß sie einen sehr bescheidenen Dienst tun. Doch
bedeutet ihr dies keine Demütigung, denn sie hat
sich entschieden und will lernen. Es ist ihr ernst mit
dem eigenen Weg, wie bescheiden der auch immer
beginnen mag.

Nach einem Jahr des Dienstes, den sie gern getan hat und für den sie keinen Lohn will, gibt ihr die Alte ein Geheimnis mit auf die Reise: Irgendwo liege der See mit dem goldenen Grund. Der Weg zu diesem See und die goldenen Perlen, die auf ihm schwimmen, seien für jeden Suchenden da, der sich danach sehnt, die Sonne sprechen zu hören. Danach sehnt sich die Pilgerin von ganzem Herzen, die Sprache der Sonne zu verstehen, und macht sich auf den Weg zum See.

Unterwegs kann die Pilgerin ein zweites Mal dienen: nicht der ganzen Erde, doch vielen ihrer Geschöpfe. So nimmt sie die Vögel, die Schafe, Kühe und Pferde mit auf ihren Weg, denn sie alle haben Sehnsucht, die Sonne sprechen zu hören. Zwar liegt nun ein langer Weg vor den Pilgernden, doch die Erde wird immer heller und leuchtet kristallklar unter ihren Füßen, und die Sonne scheint Tag und Nacht vom Himmel. Da muß die Pilgerin erfahren, daß das ersehnte Ziel ihrer Reise der tiefste Punkt ihrer Nachtfahrt wird. Als sie am See mit dem goldenen Grund angekommen sind, sehen und hören alle das Wunder der schwimmenden Perlen, die feine Klänge erzeugen. Jedes der Tiere holt sich nun eine Perle und verschlingt sie, selig vor Glück, nun die Sonne sprechen zu hören, und zieht wieder davon. Doch die Pilgerin, die allen den Vortritt ließ, „weil sie größere Sehnsucht haben", geht leer aus – keine einzige Perle ist übriggeblieben.

War ihr mühevoller Weg vergeblich? Ein Irrweg? Sie hat dienen wollen, und dieser Wunsch hat sich erfüllt. Wie von Christi Entäußerung die Rede ist

(Philipper 2), so könnte es auch von ihr heißen: Sie erniedrigte sich und nahm die Gestalt einer Dienstmagd an und wurde gehorsam... Auch sie tat ein Werk der Erlösung, denn sie leitete die Tiere, die sich ihr anschlossen, zum Licht, sie wurden zum Sonnenmysterium von Licht und Klang geführt und dadurch geheilt. Für die Instinkte und die Sehnsucht der Tiere wirkt die Pilgerin wie eine Seelengeleiterin. Daß dies ein heiliger Dienst ist, erkennen wir daran, daß sich unter ihren Füßen die Erde vergeistigt und wie Kristall das Licht in sich einläßt – eine neue, lichterfüllte Erde. Doch warum bleibt ausgerechnet für sie keine der Sonnenperlen übrig?

„Ich bin gewiß nicht würdig, die liebe Sonne sprechen zu hören. Nun bleibt mir nichts übrig, als in den goldenen Grund hineinzuschauen." Was ihr da übrigbleibt, ist das Wesentliche. Nachdem alle Perlen von der Oberfläche des Sees verschwunden sind, kann sie nun endlich in seinen tiefen goldenen Grund blicken, der vorher verborgen war.

So tut sie an diesem dunklen Punkt der Selbstentäußerung das einzig Richtige: In stiller Meditation versenkt sie sich drei Tage in den tiefen Grund des Sees – und damit ihrer eigenen Seele. Aus diesem stiegen ja die Goldperlen auf, er ist der Eingang zum Mysterium. Wenn für sie auch nichts Materielles zum „Hinunterschlucken" mehr da ist wie für die Tiere, kann sie sich doch mit der Tiefe des Sees innerlich verbinden. Dieser runde See enthält die paradoxe Vereinigung von Feuer und Wasser, er ist die Quelle der Weisheit und tiefen Erneuerung, das Lebenswasser für die, die danach dürstet.

Nach diesen drei heiligen Tagen ohne Nächte, die sie in der Wüste ihrer Selbstentäußerung verbracht hat, kann sie ihren Heimweg antreten. Sie hat „alles gefunden". Die Pilgerin ist ans Ziel gelangt und hat ihre Einweihung empfangen. Wie in den alten Mysterien hat ihr „die Sonne um Mitternacht" geschienen.

Ihr Gemahl sieht, als sie heimgekehrt ist, das klare Licht des goldenen Grundes in ihren Augen leuchten. Nun kann sie fruchtbar sein und einen Sohn hervorbringen, der ein Kind ihrer Vereinigung mit dem tiefen Grund wird: ein Sonnenkind. In der Klarheit seiner Augen findet sie den See wieder, und später sagt das Volk von ihm: „Er kann die Herzen froh machen."

Wer mit seiner inneren Sonne verbunden ist, erreicht auch das Herz der Menschen, und das gelingt dem jungen König.

Seine Mutter hatte das Werk begonnen, indem sie ihre eigene Erfüllung zu suchen ausgezogen war. Der Sohn wird dann das Werk der Königin weiterführen und vollenden. Die Königin wählte als Pilgerin einen weiblichen Weg, indem sie mit Hingabe und Stärke der „lieben Erde" und ihren Geschöpfen diente. Ihr innerer Lenker hatte sie auf diesen Weg geführt, den sie noch nicht kannte. Für den jungen König, ihren Sohn, sieht das anders aus. Auf seinem männlichen Weg wird es um die Herrschaft und Macht gehen und darum, wie sein innerer Lenker diese Macht über Menschen einsetzt. Er mußte nicht Pilger werden, um seine Bestimmung zu finden, sondern er hatte eine Entscheidung zu treffen: zwischen Haupt und

Herz, zwischen dem Machtsymbol der Krone und der Harfe, deren Klang aus dem Herzen kommt und den Menschen zu Herzen geht.

Die Königin hatte sich entschieden, ihr Lebensgefährt selbst zu steuern, um fruchtbar und geistig lebendig werden zu können. In der vorgegebenen Sicherheit des Schlosses bei ihrem Gemahl konnte sie das nicht lernen.

Diese königliche Pilgerin beeindruckt mich aus zwei Gründen. Als Frau, die selber auszog, um ihren eigenen Weg zu finden, schätze ich sie als eine Vorgängerin und lerne von ihr, meinen eigenen Weg besser zu verstehen. Ich weiß, daß das traditionelle Bild der Frau und ihrer Rolle, in dem ich aufwuchs, in dem auch meine Mutter und meine Vor-Mütter erzogen wurden, nicht das der Königin ist. In der Vergangenheit haben Frauen nur selten diesen Sprung erkennen und ausführen können: von der vorgegebenen Rolle als Muse, Geliebte, Ehefrau des Mannes und Mutter ihrer Kinder zu dem eigenen Weg der Königin. Sie wurden dazu wohl auch kaum ermutigt. Welcher Ehemann oder welche Familie und Gesellschaft ist schon so hellsichtig und stellt es der Frau frei wie der König im Märchen: „Tu, was dein Herz dir sagt!" Dabei spürte er, wie uns das Märchen berichtet, Trauer und Angst wie jeder Mensch in dieser Lage; aber er war eben weise und verstand „im Herzen", daß es hier nicht um persönliche Emotionen oder Willkür seiner Gemahlin ging, sondern um das Finden oder Verfehlen des eigenen Weges.

Zwar nennt das Märchen die Königin „jung", doch verstehe ich das nicht als reales Lebensalter, sondern als „jung im Herzen" – und das kann auch ein

Mensch, männlich oder weiblich, mit 80 sein. Besonders die zweite Lebenshälfte – also die Zeit nach dem Aufbau von Beruf und Familie – kann eine Zeit sein, das Herz wieder jung werden zu lassen, um auf einer inneren Wanderschaft den eigenen Weg zu finden.

Doch da bin ich schon bei einer zweiten Bedeutung der Königin: Danach ist sie keine konkrete Frau, sondern steht für die ewig junge Pilgerin Seele, das alte schöne Symbol der Peregrina Anima. Sie entscheidet sich, aus dem ewigen Vaterhaus herauszugehen, sich zu entäußern, die Einheit der göttlichen Gegenwart zu verlassen, um sich auf der Erde zu verwirklichen. Nur bei ihren eigenen Er-Fahrungen auf der Lebensfahrt kann sie der „lieben Erde dienen". Unter den Füßen dieser Pilgerin Seele wird die Erde kristallin und lichtdurchlässig; eine spirituelle Erde wird möglich, auf der alle Kreatur durch die verstehende Liebe der Seele erlöst werden kann. Ihr Weg wird gesegnet von einer ewigen Sonne, die nie untergeht und ihr den Weg zum heilenden Lebenswasser des runden Sees weist. Während ihrer Meditation kann sie die tiefere Dimension ihres Erdenweges schauen und verstehen. Damit hat sie „alles gefunden".

Diese Pilgerin Seele wohnt in jedem Menschen und geht mit bei der Lebensreise, macht mit uns unsere Erfahrungen und bringt am Ende die Frucht des irdischen Weges nach Hause zurück.

Die Seele als Pilgerin – oder die Frau, die ihren eigenen Weg sucht: Für beide ist der Abschied vom Gewohnten und Liebgewordenen notwendig, denn der eigene Weg löst aus einem Kollektiv oder der großen Einheit, dem „Vaterhaus", damit wir Einzelne werden und unser innerer Lenker die Führung übernehmen kann. Wenn wir dann „alles gefunden" haben wie die Königin, können wir in das Gewohnte zurückkehren und wirklich aus eigenen Quellen schöpferisch werden, das „Sonnenkind" zur Welt bringen[12].

Hören, was das Herz sagt

Methoden des Umgangs
mit dem inneren Lenker

Als wir die physiologische Beschaffenheit des Herzens und seine Funktion als Organ betrachtet haben, wurde deutlich, wie eng verwandt es mit der Lenkerkraft der Sonne ist. Die „Sonne im Herzen" ist mehr als nur ein etwas sentimentales Sprichwort. Bevor wir das geistige und spirituelle Leben des Herzens und unseren Umgang mit dieser Instanz betrachten, möchte ich noch einmal betonen, daß ich „Herz" nicht als Allerweltswort verstehe. Umgangssprachlich bedeutet „Herz" soviel wie Gefühlsleben oder Einfühlungsvermögen (z. B. „ein Herz für Tiere", „ein Mensch mit Herz") und Verliebtheit („sein Herz verlieren"). Andere umgangssprachliche Formulierungen kommen meinem Verständnis schon näher: Wenn ich mir „ein Herz fasse" oder „beherzt" etwas angehe, so verbinde ich „Herz" mit Mut, dieser zentrierenden inneren Kraft der Persönlichkeit. In unserem Zusammenhang ist „Herz" in diesem Sinn gemeint: Es hat mit Zentrierung, Entscheidungskraft, Mut und Tiefe zu tun, aber nicht mit schnell veränderlichen Emotionen. Sonst könnte sich das kraftvolle, unermüdliche Zentralgestirn Sonne nicht mit dem Herzen verbinden.

So gebraucht die Bibel durchgängig „Herz" in diesem Sinne und meint die innere Wahrheit, die zentrale Instanz eines Menschen. Ist das „Herz verstockt", dann sind auch die Sinne blockiert, der Mensch kann weder recht sehen noch hören (Jesaja 6,10: Johannes 12,40). Der Geist Gottes und seine Liebe wird „in das Herz ausgegossen" (Römer 5,5 u. a.), und es leuchtet von innerem Licht (Lukas 24, 32) und „brennt" in den Jüngern vor Emmaus. Wie von Helios heißt es: „Ich schlafe, aber mein Herz wacht" (Hoheslied 5,2) und zeigt so das Herz als eine lenkende, wachsame Instanz. Dieser Sprachgebrauch weist dem Herzen eine zentrale Stellung und Verantwortung für die innere Lenkung eines Menschen zu und ist mit dessen Ganzheit verbunden. Es unterscheidet sich damit einmal vom einseitigen Verstand und seiner rational-linearen Lenkung: „Das Herz hat Gründe, die der Verstand nicht kennt" (Pascal). Es unterscheidet sich ebenso von den Gefühlen und von der Instinktlenkung, die mehr auf das physische und soziale Überleben und Wohlergehen des kreatürlichen Menschen bezogen sind.

Lenkung durch Träume

Weil das Herz um Ganzheit weiß und wie die Sonne deren Zentrum ist, schickt es Träume. Es wacht ja, während wir schlafen, und kann dann durch Träume zu uns sprechen. Mag das Herz uns durch solche Träume stärken, erschrecken oder ratlos machen, es will uns auf Ungelebtes, vom Tagesbewußtsein Verleugnetes hinweisen, das uns zum vollständigen Menschsein fehlt. Es könnte sein, daß nicht alle Träume vom Herzen geschickt sind – vielleicht nur die sogenannten großen Träume mit ihren auf eine tiefere Wandlung bezogenen Bildern. Aber das vermag ich nicht zu entscheiden; ich glaube, daß das Herz sich auch für unsere alltäglichen Kleinigkeiten interessiert und will, daß sie in seinem Sinn gelebt werden, so wie Helios ja auch alles beleuchtet und durchdringt, das Große wie das Kleine, das für uns Wichtige und anscheinend Unwichtige.

Während einer über vier Jahre andauernden Traumserie[13] träumte ich mehrere Male, wie ich das Lenken zu lernen hatte. Zu Beginn dieser Traumserie fand ich im Traum eine Relieftafel mit einem Wagenlenker; gegen Ende sah ich ein überirdisch schönes Gefährt, das dem Sonnenwagen ähnelte. Ihn lenkte ein weiblicher Helios, eine Helia. Von einer Sonnengöttin wußte ich damals noch gar nichts, doch der innere Lenker schenkte sie mir als eine wegweisende neue Mythe. Ich sah mich selbst bei einem Demonstrationszug mit lauter strickenden Frauen und Kindern. Ich stand eher beobachtend abseits, da „taucht plötzlich ein Gespann von vier weißen Pferden auf. Eine singende Frau sitzt darauf, und klassische Musik kommt aus dem Wagen. Das Viererengespann galoppiert in feurigem Tempo über der Menge auf den Straßen – ich bin zu Tränen bewegt von diesem klingenden Gespann; ich sehe es noch ein zweites Mal."

Aus der heutigen Distanz sehe ich, daß zur Zeit dieses Traumes ein grundlegender Wandel in meinem Leben begonnen hat. Er hing mit meinem Weg als Frau zusammen, mit der bewußten Entscheidung, über die weibliche Rolle hinaus das eigene Lebensgefährt in noch unbekanntes Terrain zu steuern und dessen Kurs selbst zu verantworten. Der Traum zeigt das im Bild eines feurigen Gespannes mit vier weißen Pferden, das zweimal über einen Demonstrationszug strickender Frauen und Kinder hinweggaloppiert. Die Lenkerin dieses Gespannes setzt sich über Stricken und Kinderhüten buchstäblich hinweg; vielleicht zeigen die tüchtigen Hausfrauen ihr Strickzeug allzu „demonstrativ" vor — mir, die ich „abseits" stehe, die nicht „in" ist und sich auch dem Zug der anderen Frauen nicht anschließt. Die „klassische Musik" aus dem Wagen bewegt mir das Herz, denn sie stammt von der Sonnengöttin, der neuen inneren Führerin meines Lebens. Ihr Name Helia erinnert an meinen Kindernamen, mit dem ich üblicherweise gerufen wurde (Heli oder Helli), und weist unübersehbar auf mein eigenes Lebens hin, das mich herausfordert.

Der Traum löste damals nicht etwa stolze oder glückliche Gefühle in mir aus, sondern Erschrekken, Ratlosigkeit und Beschämung. Das sollte alles mit mir und meinem Leben zu tun haben? Im Licht dieses Traumes sah ich überdeutlich meine Schwäche und meine Begrenzungen — aber auch die Verheißung, auf dem Weg des Herzens von einer Helia begleitet und von ihrer Kraft geführt zu werden. Wenn ich auch die vierfache feurige Energie der Sonnenpferde so kraftvoll und überzeugend nur selten erlebte, so konnte ich sie doch in die vielen kleinen „Gebrauchsfeuer" umsetzen und in viele geduldige Schritte umformen. Im Ganzen gesehen stellte dieser Traum eine Weiche. Hier begann der eigene Weg, der mich zu meinen individuellen Gaben und Aufgaben führte. Hinter diese Weiche kann ich nicht mehr zurück, ohne mich selbst — genauer: mein Herz — zu verraten, das mir diesen Traum schickte.

Diese Traum-Erfahrung hat mich außerdem gelehrt, daß eine äußere Stagnation, eine seelische Mitternacht als Ruhezeit dienen kann, in der die Libido „im Herzen" ihr Werk bereiten und etwas Neues vorbereiten kann, was wir bewußt noch gar nicht ahnen. Nur das Herz weiß es, und in ihm kann es schon singen – wie die singende Helia –, während wir vielleicht „daneben" stehen und Tränen vergießen.

Wenn wir unsere Traumbilder als vom Herzen geschickt erkennen, so haben wir damit eine Methode gefunden, den inneren Lenker kennenzulernen und ihn besser zu verstehen. Wir lauschen sozusagen in den nächtlichen Kessel der Wandlung hinein auf die Stimme der inneren Sonne. Wenn sie gehört und beachtet wird, geschieht es oft, daß sie auch häufiger und deutlicher zu sprechen beginnt. Ihre Sprache sind vor allem die inneren Bilder.

Lenkung durch eine Orakeltechnik: Befragen des Tarot

In früherer Zeit galten auch Träume als Orakel. Die Menschen versuchten, die Stimme der Gottheit, die sich verschlüsselt in Traumbildern ausdrückt, zu deuten und zu verstehen. So gab der heilende Gott Asklepios den Heilungssuchenden im Tempelschlaf durch Träume die Heilmethode an. Heute helfen uns keine Orakelstätten und Priester mehr, den Weg des Heils oder der Heilung zu finden, wir müssen unsere eigenen Priester sein und die innere Herzensstimme deuten. Da sie sich in Bildern ausdrückt, können wir außer den Träumen auch die kosmische Bildwelt des chinesischen I Ging oder des Tarotspiels gebrauchen, um innere Lenkung in gewissen unklaren Situationen zu erfahren.

Der Tarot, der auf alte Weisheit zurückgeht, spiegelt uns in 78 grundlegenden Situationen oder Archetypen der Erfahrung unsere innere Welt. Wenn wir uns in einzelne Bilder, die uns zufallen, vertiefen, so entsteht ein Dialog: Dieses eine archetypische Bild oder Urmuster menschlicher Erfahrung, das wir betrachten, kann in einen Austausch treten mit unserer speziellen Situation oder einer bestimmten Frage, die uns bewegt und nicht mal eben schnell rational zu lösen ist. Aus einem solchen Dialog können wir einen erweiterten Horizont gewinnen, unsere eigene Situation unter einem neuen Blickwinkel sehen oder sogar neue Lösungswege finden.

Wenn wir den Tarot als Orakel, also divinatorisch gebrauchen, so überlassen wir es dem Zu-Fall oder der Synchronizität, welche Karten als unsere Gesprächspartner dienen. Sie fallen uns buchstäblich zu: Nicht wir selbst wählen aus – unter Umständen das, was wir sowieso schon wissen oder am liebsten hören wollen oder schon immer für richtig hielten –, sondern wir öffnen uns einem neuen Impuls. Der noch unbekannte Gesprächspartner kommt zu uns und bietet uns seine Weisheit in Gestalt eines Bildes an, mit dem wir uns auseinandersetzen können.

Meiner Erfahrung nach ist es der innere Lenker, der uns wie die Träume auch diese Gesprächspartner schickt, um den Weg zu erhellen.

Spirituelle Lenkung durch Gebet, Meditation und Übungen

Hebe mich aus der Schale des Tages, Herr.
Mache mich mir offenbar,
auf daß sie wahr werde,
meine heimliche Seele.

Hermann Claudius

Im Gebet verkehrt „die heimliche Seele", der „verborgene Mensch des Herzens", mit Gott. Im Herzen wird die göttliche Liebe entzündet. Jesus gibt immer wieder Anweisung zum rechten Beten. Er verwirft das öffentlich zur Schau getragene Gebet, als brauche der Beter außer dem inneren Tempel des Herzens noch einen äußeren Ort, um zu beten. „Denn der Tempel Gottes ist heilig, und der seid ihr. Im Tempel willst du beten? In dir bete. Aber zuvor sollst du Tempel Gottes sein, weil er in seinem Tempel hört auf den Beter."[14] Edith Stein, die hier vom Tempel Gottes im Herzen spricht, meint mit Beten nicht das vorformulierte Gebet, nicht das Bitten und Betteln, das so oft mit Beten verwechselt wird. Sie spricht von der tiefen Leere und Stille, in die sich der Betende versenkt; vom Lauschen auf den „Schlag des eigenen Herzens" als des Lenkers im Menschen. Dort kehrt Gott als der Liebende und Geliebte ein. Damit ist sie sehr nahe an der Praxis der Meditation als einer Übung der Leere und Stille. Letztlich können Gebet und Meditation dasselbe sein, denn sie haben denselben „Ort": den schweigenden Grund des Herzens, den tiefen Goldgrund des Sees, über dem die Pilgerin des Märchens meditiert.

Für mich selbst ist die Stille-Übung der wichtigste Weg geworden, um auf den inneren Lenker zu lauschen und ihn „sprechen" zu lassen. In dieser Übung erweitert sich das Bewußtsein über das beschränkte Ego hinaus; wir üben die Achtsamkeit auf alles, was ist, und können damit erreichen, wirklich wach zu werden – wenigstens für eine Zeit. Diese Achtsamkeit und Wachheit sind wichtige Qualitäten des Helios-Lenkers am Himmel – und entsprechend in unserem menschlichen Herzen.

Als eine Meditationsübung, die die innere Sonne stärkt, möchte ich die „Lichtatmung" nennen:

„Stelle dir vor, du liegst im Dunkeln, und nur ein breiter Lichtstrom dringt auf dich ein. Dieses Licht willst du eratmen, dich damit füllen, bis du fähig wirst, es durch alle Poren wieder abzugeben; bis du selbst von innen her leuchtend und strahlend bist und Licht, Kraft und Wärme verschenken kannst. Die Lichtflut geht durch dich hindurch zu anderen. Du bist Werkzeug, eine große, glühende Schale, die von oben empfängt, um – durch das Licht transparent werdend – nach allen Seiten abgeben zu können."[15]

Bei dieser Lichtatmung kommt unweigerlich tiefe Freude auf, auch der Atem vertieft sich, und das sind die besten Herz-Öffner! In erzwungener Askese und beim „eisernen" Üben wird das Herz eng und verschließt sich. Die Freude aber macht es weit.

Einüben der Lebensreise im Ritual des MEDICINE WALK

> Die Reise ist ein altes Bild für den Weg
> der Seele zu sich selbst.
>
> *Dorothee Sölle*

Besonders mit dem Lauf der Sonne am Himmel und gleichzeitig mit der inneren Lenkung verbunden ist das Ritual des MEDICINE WALK: eine Tagesreise allein in der Natur. Den MEDICINE WALK lernte ich zwar durch Indianer kennen, doch gehört er eigentlich allen Menschen, da seine Idee und sein Sinn universell sind. Dennoch verwende ich den amerikanischen Begriff, da er zu einer Art Terminus technicus geworden ist.

Der MEDICINE WALK beginnt mit Sonnenaufgang – im Winter zwischen 7.30 und 8.30 Uhr, im Sommer zwischen 4.30 und 5.30 Uhr – und endet mit Sonnenuntergang. Wir gehen also mit der Sonne nach dem Motto: Der Tag – ein Leben, oder: Dieser Tag – mein Leben. Man sollte ihn allein und möglichst nüchtern (leiblich und seelisch nüchtern) begehen und tagsüber fasten, jedoch sehr viel trinken. Vor Sonnenaufgang und nach Sonnenuntergang kann man essen. Die Himmelsrichtung und den Ausgangspunkt des Weges können wir festsetzen, dann aber führt uns unser innerer Lenker, und wir „lassen uns gehen". Dieses Lassen, diese Hingabe ist eine Form der Meditation, ebenso auch die Sorgfalt mit uns selbst und die Achtsamkeit für alles Begegnende. Ein Tagebuch mitzunehmen, um unterwegs einige Gedanken oder Einfälle aufzuschreiben, kann nicht schaden.

Wozu kann dieses Ritual dienen?

– Ich muß eine wichtige Entscheidung treffen, die auch mein intuitives Wissen herausfordert, oder will ein Problem lösen. Mein innerer Lenker weiß die Antwort bereits und zeigt mir in der Natur die symbolischen Zeichen dafür, zum Beispiel auffallende Steine, bestimmte Formen und Spuren im Eis oder im Schnee oder Formen an Bäumen und in der Landschaft, vor allem auch begegnende Tiere und deren Verhalten. Dabei entsteht eine Korrespondenz, ein Gespräch von Innen und Außen, aus dem ich etwas über mein Problem erfahren kann.

– Ich möchte mich selbst besser kennenlernen und achte auf meine Gedanken, Phantasien, Gefühle oder Tagträume, die mir unterwegs kommen. Das erfordert eine doppelte Achtsamkeit nach innen und nach außen: Aus Achtlosigkeit eine Schnecke totzutreten, die Richtung zu verlieren und andauernd im Kreise zu gehen oder lange nicht zu bemerken, was in meinem Kopf vorgeht, wären Symptome, die ich beachten würde.

– Der MEDICINE WALK als ein Geburtstags- oder Übergangsritual: Was sagen mir Orte, zu denen ich mich heute „gehen lasse", über meine Begegnungen und Aufgaben im neuen Lebensjahr – oder über die Qualität einer neuen Lebensphase?

– Ich möchte der Großen Mutter Natur begegnen und ihr meine Dankbarkeit und Liebe mitteilen, mich von ihrer Grünkraft heilen lassen, mit ihr sprechen oder singen und tanzen. Dabei kann man bemerken, wieviel Kommunikation, Singen und Tanzen in der Natur zu finden ist und wieviel Liebe und Weisheit, wenn sie uns antwortet und beschenkt.

— Ich begleite mit meiner inneren Sonne, meiner Lebens- und Liebeskraft, die Sonne auf ihrem Wege und achte besonders auf die „drei Sonnen" am Himmel und in mir: den Anfang und Sonnenaufgang, den Höhepunkt und das Ankommen oder den Untergang und das Abschiednehmen. Wo ist meine Energie am stärksten oder am schwächsten? Wie gehe ich mit meiner Stärke oder Schwäche um? Sorge ich gut für mich? Wo und wie finde ich Quellen der Kraft?

Dies sollten einige Anregungen aus meiner eigenen Erfahrung sein, wozu der MEDICINE WALK dienen kann. Er ist eine gute Mischung von Arbeit und Feier und ist offen für neue Ideen und eigene Gestaltung eines oder einer jeden, der oder die es mit ihm versucht.

Zweiter Teil
Wandlungen der Sonne
im Tageslauf

Wandel der Erfahrung

Mir gehst du freundlich unter und auf, o Licht,
Und wohl erkennt mein Auge dich, Herrliche!
Friedrich Hölderlin

Dem differenzierten Erleben der Kulturen, die in der Sonne ein göttliches Prinzip verehren, entgeht nicht die Beobachtung, daß die Sonne bei ihrer Wanderung durch den Tag, durch das Jahr und durch den Zodiakus (Tierkreis) verschiedene Qualitäten erscheinen läßt und auf der Erde bewirkt. In diesem Sinne haben die Weisen des alten Ägypten, aber auch anderer Kulturen mindestens drei verschiedene Sonnengestalten unterschieden. Dabei war ihnen durchaus klar, daß nicht der Sonnengott seine Erscheinungsform verändert oder immer wieder neu gestaltet; wie Jamblichus wußten sie, „daß er selbst sich unveränderlich, beständig und unaufhörlich, vollständig, gleichzeitig und in seiner ganzen Wesenheit dem gesamten Weltall mitteilt". Die Veränderungen erscheinen aber im Kosmos, also in der Natur und in den verschiedenen Menschenwesen, indem diese entsprechend ihren Eigentümlichkeiten und ihrem Verhalten zum Sonnengott auch jeweils verschiedenartige Energien in sich aufnehmen, „weil sich die Natur im Hinblick auf Gott verändert, und zwar entsprechend der Vielfalt ihrer Arten und der Empfänglichkeit"[16]. Wenn wir hier in der mythisch-symbolischen Sprache von der Sonne reden, so entsprechend unserer eigenen „Aufnahmeart". Dazu gehört ein gewisser „Standpunkt" und der „Horizont", der von diesem Standpunkt aus zu sehen ist. Diese Begriffe, die einen geistigen Ort meinen, stammen aus der Geographie: Mit dem jeweiligen Standpunkt auf dem Erdball verändert sich auch der Horizont. Jeder Mensch hat tatsächlich einen anderen Horizont als der Nebenmensch; die Standpunkte können sich nicht gleichen, da wir einander ja nicht auf den Füßen stehen. Entsprechend erlebt auch jeder Mensch „seine" Sonne: Unsere jeweilige Wahrnehmung macht diesen Sonnenaufgang oder jenen Untergang zur Realität. Das ist nichts Besonderes oder Neues, Menschen erleben seit jeher auf diese Weise und richten ihr Leben danach ein. Auch für uns Menschen der Neuzeit nach Galileo Galilei hat sich an der Wahrnehmung unserer Realität nichts geändert — nur unser erd- und himmelskundliches Wissen im Kopf und die Schlüsse, die wir daraus ziehen, sind andere geworden. Während wir des Morgens von unserem Standpunkt aus beobachten, wie die Sonne im Osten über unseren Horizont steigt, können wir denken: In „Wirklichkeit" steigt sie gar nicht auf, sondern die Erde dreht sich unter ihr weg. Es ist also eine gedachte „Wirklichkeit", die wir annehmen, weil wir es so gelernt haben. Sie entspricht aber nicht unserer Wahrnehmung und dem „Standpunkt" eines sehenden Menschen!

Jeder Wahrnehmende nimmt vielmehr die „Einwirkung" oder „Emanation" der Sonne auf entsprechend den Arten der Empfänglichkeit, wie Jamblichus darlegt. Unsere Empfänglichkeit und subjektive Deutung sind also vorgesehen; denn zur Sonne gehört das Auge, das sie schaut, der Sinn, der sie

„erkennt" auf sinnliche und geistige Weise. *„Wohl erkennt mein Auge dich, Herrliche"* (Hölderlin) oder: *„Wär nicht das Auge sonnenhaft, wie könnten wir das Licht erblicken?"* (Goethe).

Wenn wir uns den drei verschiedenen Tagesgestalten der Sonne und ihren Qualitäten zuwenden, so sind es drei verschiedene Qualitäten von Erfahrung, die der Sonnenlauf in uns auslöst und bewirkt. Es ist die Sonne im Aufgang, im Zenit und im Untergang, die Sonne der Nacht.

Diese Unterscheidung hat in der ägyptischen Religion eine lange Tradition, nur wechseln die Sinnbilder und göttlichen Namen der drei Sonnen. Wir finden sie in den Sonnenhymnen und Texten der sogenannten Totenbücher auf Papyrus aufgezeichnet oder an den Wänden der Grabräume: So konnte der Tote während seiner Jenseitsreise diese Texte „abrufen", wenn er ihrer bedurfte. Auch an den Wänden und Säulen der Tempel wurden sie in Hieroglyphen eingemeißelt, um den Sonnengott zu preisen.

Die kraftvolle Morgenenergie
Der Skarabäus

Heil dir, wenn du als Chepre kommst, denn Chepre ist der Schöpfer der Götter! Wenn du aufgehst und strahlst und deine Mutter Nut (das Himmelsgewölbe) bescheinst, so streckt deine Mutter die Arme aus und sprengt Wasser über dich (den Morgentau). Der Westberg (der Toten) umfängt dich in Frieden, Gerechtigkeit umarmt dich zu beiden Zeiten (Tag und Nacht). Möge Chepre dem Ka (der Lebenskraft oder Lebensseele) des Verstorbenen geben, verklärt und mächtig im Triumph über die Dämonen der Finsternis zu sein und als lebende Seele hinauszugehen, um Harachte (die Morgensonne) zu schauen[17].

Hier offenbart sich die aufgehende Sonne im Sinnbild des heiligen Käfers Skarabäus – ägyptisch chepre –, der aus dem Dunkel der nächtlichen Unterwelt heraufsteigt und neu geboren wird aus dem Schoß seiner Mutter Nut – dem östlichen Horizont des Himmelsgewölbes. Der Blick auf den malachitfarbenen Käfer, der seine Mistkugel mit dem Gelege vor sich herrollt, vereint sich mit dem Blick auf das Himmelsgeschehen am Morgen. Der Käfer und die Sonne haben teil an demselben Mysterium – und mit ihnen der Mensch: am Zyklus der Verwandlung.

So wie der Skarabäus aus der Erde hervorkommt als ein anscheinend „Selbsterzeugter" und die Kugel mit dem „Keim der Wandlung" vor sich herschiebt, bis er des Abends zurückkehrt in die Erde, so vollzieht es auch die Sonne. Dasselbe erbittet der Verstorbene, der diese Hymne singt: Sein Ka, seine Lebensseele, möge verklärt werden und „als lebende Seele hinausgehen" aus dem Dunkel des Todes.

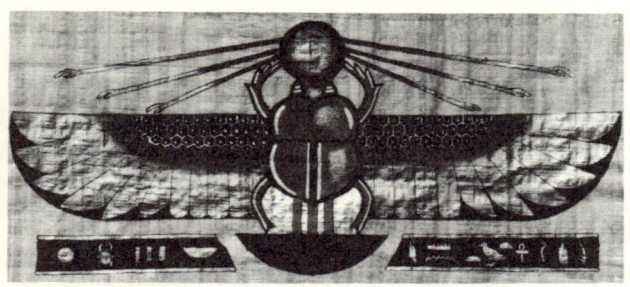

Geflügelter Skarabäus mit der aufgehenden Sonne
(aus: Das Ägyptische Totenbuch, München 1955)

Hier können wir verstehen, warum der Skarabäus zum beliebtesten Amulett wurde, das man den Toten mit ins Grab gab. Er war der symbolische Garant der Umwandlung im Tod. Besondere Bedeutung hatte der sogenannte Herz-Skarabäus: Er wurde auf die Brust der Mumie gelegt und in die Binden mit eingewickelt, um dem Herzen des Toten beizustehen im Jenseitsgericht. Dort wurde das Herz geprüft und mußte über das Erdenleben des Verstorbenen aussagen. Der Sonnenkäfer half dem Herzen, die „Worte des Lebens" zu finden. Die enge Verbindung des Herzens zur Sonne war auch den alten Ägyptern selbstverständlich.

Ein sprachlicher Gleichklang verhalf außerdem

dem „heiligen Pillendreher" zu seiner Autorität als Sonnenkäfer: Das ägyptische Wort „chepre" – der Skarabäus – klingt wie cheper – „werden, sich verwandeln". Ein anderer Text aus dem Totenbuch drückt diesen magischen Wunsch nach Verwandlung deutlich aus:

Zu Chepre werde ich,
in den Urstoff tauchend;
ich keime durch die Weltall-Kraft des Keimens.

Mit diesem Wissen um das Mysterium, daß der ganze Kosmos dem gleichen Zyklus der Verwandlung unterliegt, konnte der Sterbende das Reich des Todes getrost betreten. Er wurde damit zu Chepre und tauchte „in den Urstoff", übergab sich dem Prozeß der Auflösung. Er wußte, ohne diese Hingabe ist kein neues Keimen möglich. So gewiß wie der Tod wird ihm die neue Geburt geschenkt: durch die wunderbare Lebensessenz, die „Weltall-Kraft des Keimens". Im Deutschen kennen wir für diese Lebensessenz – die mehr ist als biologisches Leben – kein eigenes Wort, nur einige mehrdeutige Wörter wie zum Beispiel „Seele". So nehme ich die griechische Sprache zu Hilfe, um den Unterschied herauszustellen: BIOS meint das physische Leben mit seinem biologischen Anfang und Ende; ZOË hingegen meint das Leben an sich, das durch alle Verwandlungen nicht abnimmt und sich immer neu offenbart als ein „ewiges" göttliches Leben. An ihm hat der Mensch teil sowie alles Lebendige.

Diese essentielle „Weltall-Kraft des Keimens" erinnert an die Beschreibung der erneuernden Grünkraft Gottes, wie sie die mittelalterliche Seherin und

Ärztin Hildegard von Bingen in ihrer Heilkunde gibt. Ich möchte sie zur vertiefenden Betrachtung zitieren: „Von der Sterblichkeit geht kein Leben aus, sondern Leben besteht eben nur im Leben... Kein Geschöpf ist ohne diese besondere Eigenkraft, die lebendige Ewigkeit selber ist nicht ohne die Kraft zum Grünen."[18] Und diese Grünkraft ist – wie Hildegard betont – am allerstärksten des Morgens bei Sonnenaufgang! Hier schließt sich der gedankliche Bogen hin zum „heiligen Käfer".

Das Kind in der Lotosblüte

Über das Pflanzliche gelangen wir zu einem noch tieferen mythischen Bild, das die Imagination der Ägypter hervorgebracht hat: dem jungen Sonnengott, der auf einer geöffneten Lotosblüte thront und sich mit ihr aus dem dunklen Schlamm des Untergrundes erhebt:

Das ist der göttliche Jüngling, der Erbe der Ewigkeit, der sich selbst erzeugt und sich selbst gebiert, ... der aus dem Wasser hervorging und sich aus dem Nun (Urozean) herauszog; der sich selbst wartete und seine Geburt selbst besorgte[19].

Ich hatte oft Gelegenheit, Lotosblüten eingehend zu betrachten und ihre verschiedenen Tagesformen miteinander zu vergleichen. Da wurde mir klar, warum der Lotos nicht nur in Ägypten, sondern auch in Indien und Mesopotamien zur heiligen Blume und zur Verkörperung des göttlichen Lichtes werden konnte. Seine Lichtdurchlässigkeit, die Form der

Blüten, die wie weiße Lichträder wirken, legen dies nahe. Vor allem aber die Beobachtung, daß sich die Blütenknospen erst einige Zentimeter über der Wasseroberfläche öffnen (anders als die meisten Seerosenarten) – zum Osten hin! Abends schließen sie sich wieder und ziehen sich zurück – genau der Sonne entsprechend. Sogar der Aufbau der Blüte, der auf der Radform und der Vier beruht, kommt der Sonnensymbolik entgegen: Im Mandala vereinen sich Kreis und Viereck, das Unendliche mit dem Endlichen, wie auch die Sonne himmlische und auf der Erde wirksame Kraft verkörpert.

Am meisten regte jedoch die Beobachtung meine Phantasie an, wie diese reinen Lichtblüten aus dem dunklen, undurchsichtigen Schlamm empordringen. In diesem Schlamm, wohin alles Abgestorbene sinkt und zu Nährstoffen umgewandelt wird, ist unschwer die dunkle Unterwelt zu erkennen, der Schoß der Nacht, in den die Toten eingehen wie die Sonne, wenn sie ihren Tagesbogen beendet hat.

So gibt es kein Licht ohne dies Dunkel, den Schlamm, den „Modder"; wie im menschlichen Leben, so hier in der Erscheinung dieser wunderbaren Blüte.

Doch war es mit diesem Naturbild den Ägyptern noch nicht genug. Es ist nicht nur der ewige Naturkreislauf von Werden und Vergehen gemeint, sondern das geistige Prinzip, die göttliche „Weltall-Kraft des Keimens", die sich offenbart in dem „göttlichen Jüngling". Das göttliche Kind oder der Jüngling steht dem Urgrund nahe, es trägt wie der Lotos die Kräfte des Ursprungs in die Zukunft. Doch ist dies Kind göttliche Person, Geistträger, nicht nur Pflanze. Es ist eine spirituelle Kraft, „der Juwel im Lotos", wie es in dem bekannten indischen Mantra „OM MANI PADME HUM" genannt wird. Die allmorgendliche Sonnenerscheinung ist also mehr als Natur – sie wird als spirituelles Prinzip der Wandlung verehrt. Aus diesem Grunde ist der Augenblick des Sonnenaufgangs in aller Welt bis heute heilige Zeit: Zeit für Ritual, Gebet und Meditation, um sich mit dieser hohen spirituellen Energie zu verbinden und Leib, Seele und Geist von der „Weltall-Kraft des Keimens" durchdringen zu lassen.

Die nährende und pflegende Sonne des Mittags

Unter den Flügeln des Horus, „der herrlichen Mutter"

Heil dir, Sonne des Tages, *die die Menschheit schuf und sie leben läßt; gewaltiger Falke mit buntem Gefieder; der entstand, um sich selbst zu erheben ... ältester Horus, der im Himmel wohnt, dem man bei dem Erscheinen zujubelt und bei seinem Untergang in gleicher Weise. Der Bildner der Geschöpfe des Erdbodens; ... die herrliche Mutter der Götter und Menschen; der geschickte Künstler, der nicht müde wird bei all seinen Werken*[20].

Hier wird die Sonne der Höhe im Bilde des auffliegenden Falken oder Falkenweibchens gepriesen. Ursprünglich galt Horus mit ausgebreiteten Flügeln als Himmelsgott oder Himmelsgöttin. Der Sonne lieh er seine Flügel, so daß er von da an als „Flügelsonne" galt und verehrt wurde. Er „wohnt im Himmel" und hat teil an dessen Macht über alles Irdische und die unterirdischen Dämonen der Finsternis. Als Himmelsgottheit ist er der große „Künstler" und „Bildner" aller Geschöpfe, unermüdlich wie eine versorgende Mutter. Da ihm auch das „Bilden der Geschöpfe im Mutterleib" untersteht, er also ihr formendes Prinzip verkörpert, sozusagen ihre Matrix (von mater – Mutter), kann er auch „herrliche Mutter der Götter und Menschen" heißen oder die „Amme im Mutterleib", die das werdende Kind wartet.

73

Ob dies starke Sinnbild dem Psalmisten vorschwebte, als er sang, daß Menschen „unter dem Schatten deiner Flügel Zuflucht finden"? Wie ein Falkenweibchen hat auch die Beschützerin der Toten, die Göttin Isis, ihre Flügel ausgebreitet, um der Seele des Toten Schutz zu gewähren.

Ein solcher Bildgedanke, unter den Flügeln der Gottheit geborgen zu sein, flößt Vertrauen ein, nicht nur in schweren Zeiten des Lebens, sondern auch in seiner letzten und schwersten Krise: dem Sterben. Wie wir aus anderen Zeugnissen wissen, galt Horus nicht nur als beschützende Falkenmutter, sondern als scharfäugiger Späher und Krieger mit tödlichen Pfeilen. In der Mittagshitze schickte er seine sengenden Sonnenpfeile gegen seine Widersacher, die große Schlange Seth und ihr Heer. Alles Feuchte und Dunkle unterlag seinem „brennenden" Zorn. So schützte der Krieger die Seele des Toten vor den Angriffen Seths.

Für die Fürsorge und liebende Treue der Sonne hat Echnaton, der Dichter des Aton-Hymnus, den schönen Bildgedanken gefunden, die Sonne „umarme" mit ihren Strahlen alles Lebendige, vom Pharao und seiner Familie bis zum Tier und Baum:

Wenn du herrlich und groß und glänzend und hoch über jedem Lande bist, umarmen deine Strahlen die Länder bis zum Ende alles dessen, was du geschaffen hast.

Diese umarmenden Strahlen finden wir auch auf den bekannten Bildwerken aus Echnatons Wirkungszeit, die ihn mit Nofretete und den Töchtern darstellen. Hier hat die Sonne unendlich viele lange

Strahlenarme mit kleinen Händen, die sie ausstreckt, als wolle sie ihre Kinder mütterlich-zärtlich berühren und streicheln.

In unserer geographischen Breite wird besonders dieser milde und nährende Aspekt der „Mutter Sonne", also ihre wärmende Gestalt *des Mittags* betont. Im Deutschen ist die Sonne weiblichen Geschlechts, sprachlich entstanden aus althochdeutsch sunna, anders als in der griechischen und lateinischen sowie den romanischen Sprachen (vgl. helios, sol, le soleil, il sole usw.). Wie im germanisch-deutschen Kulturbereich verhält es sich auch bei den Völkern des Nordostens, also den Letten, Balten und Slawen. Die Sonne hieß bei den Letten „saule" (sprachlich verwandt mit lateinisch sol) und wurde in der mythologischen Phantasie als eine reiche himmlische Bäuerin vorgestellt. Die Letten verehrten sie wegen ihrer Fürsorge für Haus und Hof, für ihren Reichtum und ihre Fruchtbarkeit: In ihrem Hause lebten viele Sonnentöchter[21]. Wir begegneten der „Bäuerin des Himmels" schon in der Gestalt der Sonnengöttin, also in ihrer jungfräulichen Form.

Die wohltuende, „mütterliche" Wirkung des Sonnenlichtes auf Leib und Seele ist einem jeden bekannt. Wenn die Sonnenstrahlen auf die Haut treffen, so regen sie alle Bereiche an: außer den Hautzellen auch die Drüsen und Haarzellen, die Wände der Blutgefäße und das Blut, die Nervenzellen und Nervenfasern, ebenso Fasern und Zellen des Zwischengewebes sowie des Unterhautbindegewebes. Wenn die Sonne die gesamte Haut durchwärmt und durchlichtet, so erreicht sie damit auch den gesamten Organismus und regt ihn an. Über die Hautnerven hat sie eine Fernwirkung im ganzen Körper.

Noch intensiver wirkt sie über das Körperblut, das, wenn es durch die von der Sonne erweiterten Hautgefäße strömt, in einem Meer von Licht „gebadet" wird. Durch Blutuntersuchungen weiß man, daß der Blutfarbstoff sich ebenso vermehrt, wie die Zahl der roten Blutkörperchen steigt. Das Blut wird reicher an Basen, und die Säurebildung nimmt ab. Über die Haut erreicht also die Sonnenwirkung den gesamten Organismus und hat, in gutem Maß genossen, heilende Wirkung auch besonders auf Kranke. Nicht zu vergessen die seelische Wirkung, die mit der leiblichen einhergeht: Wir atmen tiefer, Schlaf und Appetit werden besser, und wir erhalten neue Lebenskraft, die auch die Seele stärkt und beruhigt und wieder hoffen läßt[22]. So können wir die mütterliche Energie der großen Lebensspenderin erfahren, wenn wir uns ihrem Licht in guter Dosierung aussetzen.

Nicht nur unser menschlicher, sondern der ganze lebendige Organismus der Erde hängt vom Licht und von der Energiestrahlung der „Mutter Sonne" ab. Sie war es, die in den Urmeeren aus präbiotischen Molekülen das Leben hervorlockte. Und noch viel mehr: Sie nährt alles Leben auf der Erde Tag für Tag (und auch während der Nacht) durch den Prozeß der Photosynthese in der grünen Vegetation, mit der jede Nahrungskette bei Mensch und Tier beginnt. So heißt sie mit Recht die „Mutter Sonne", sie bringt alle Lebensprozesse hervor und hält sie – gemeinsam mit dem Mond – am Leben.

Wenn wir den Sonnentag mit unserem Lebenstag vergleichen, so verkörpert die Mittagssonne den Mittag, die Höhe des Lebens, wenn wir unsere Energie weitergeben und in Arbeit und Sorge für andere einsetzen. Vor allem aber strahlt die innere Sonne aus uns durch die Liebe – und diese Strahlung wirkt immer zum Heil, auch wenn wir ihre Wirkung nicht sehen und ermessen können.

Die Fahrt der Sonnenbarke unterdenHorizontdesAbschieds

Alles Sichtbare muß sich steigern ins Unsichtbare hinein

Rē – du erglänzest machtvoll,
wenn du in Leben untergehst
und in Pracht am westlichen Horizont...
Dein Schiff zieht über den Himmel,
du näherst dich der Erde
und durchfährst das Nachtreich.
Die Bewohner der geheimnisvollen Stätten
der Unterwelt beten dich an[23].

Die Morgensonne als *chepre* oder Kind in der Lotosblüte bringt uns die erneuernde Energie der Wandlung, des „Stirb-und Werde"-Prozesses nahe; die Mittagssonne verkörpert die reife Energie des Nährens und Erhaltens, die umsorgende Zärtlichkeit; die Abendsonne erzeugt eine dritte Qualität in uns: die Fähigkeit zu schauen und zu durchschauen, die Kraft des Abschieds und das Vertrauen über das Sichtbare hinaus.

Wenn wir Gelegenheit haben, am Spätnachmittag eine Weile die sich neigende Sonne zu begleiten, sehen wir, wie sich die Dinge um uns her verändern. Das Abendlicht macht die Dinge transparent und durchschaubar, die Blätter eines Baumes werden lichtdurchlässig und lassen ihre innere Struktur erkennen. Gräser und Blumen leuchten und glühen wie aus sich selbst und offenbaren eine große Farbintensität. Massive Gegenstände wie Mauern oder Holz bilden eine Blockade gegen das Licht und werfen harte Schatten.

Bezeichnenderweise geben wir uns solchen Betrachtungen nicht des Morgens hin, denn dann muß und will man aktiv tätig sein. Der Abend aber lädt zum Innehalten und zum Rückblick ein – er heißt „Feierabend". Dabei werden vielleicht auch Tagesereignisse transparent. Wir können sie entspannter und mit mehr Distanz betrachten, sie verarbeiten oder nachklingen lassen, um sie dann angesichts der Nacht innerlich loszulassen. So ist jeder Abend ein kleiner Abschied und bereitet die größeren Abschiede vor:

Was vergangen, kehrt nicht wieder.
Ging es aber leuchtend nieder,
leuchtet's lange noch zurück[24].

Diese Leuchtkraft entsteht in unserem Bewußtsein, in unserer Er-Innerung und Verarbeitung dessen, was wir gelebt haben. Ist dies geschehen, müssen wir nichts festhalten, das Schiff des Sonnengottes kann „in Leben und in Pracht" untergehen.

Die eigentliche „Abend-Leistung", wie ich sie einmal überspitzt nennen will, besteht aber noch in einem zweiten: Da sich das Sichtbare in das Unsichtbare hinein fortsetzt, lernen wir Vertrauen über unsere Sinne hinaus in das Übersinnliche. „Die Bewohner der geheimnisvollen Stätten der Unterwelt beten dich an": Der Sprecher des Totenbuchtextes zeigt dies Vertrauen über die Sinne hinaus, indem er den verschwundenen Sonnengott denen leuchten läßt, die in den Höhlen der Unterwelt sehnlich auf sein Erscheinen warten. Mit diesem mythischen Bild des Sonnengottes Rē in seiner Barke, die von Toten über die Wasser des Unterwelt-Nil gezogen wird und die der verstorbene Pharao an der Seite des Sonnengottes steuern darf, haben die Ägypter einsichtig gemacht, wie eng die Welten des Sichtbaren und des Unsichtbaren aufeinander bezogen sind. Sie schöpften ihr Vertrauen, daß die Lebensreise niemals enden wird, aus der Schiffsfahrt des Rē. Dieser Abschied führt ja nicht zum Ende, sondern zu einem neuen Beginn.

Eine Frau im mittleren Lebensalter befindet sich in einer Lebenssituation, in der bald ein einschneidender Abschied auf sie zukommen wird. Einige Monate vorher träumt sie, wie sie in einer Barke sitzt und vom roten Licht des Sonnenuntergangs beschienen wird:

Ich sitze in einer Barke, die über einen schneebedeckten Hang hinaufgleitet, indem sie sich selbst steuert. Vor mir sehe ich die Sonne langsam untergehen. Ich schaue zurück auf den zurückgelegten Weg, alles liegt im Rot der untergehenden Sonne, auch mein Schiff erglänzt in tiefem Feuerrot. Als ich schließlich auf der Höhe bin, schaue ich vor mir hinunter in ein tiefes, dunkles Tal. Diesen Weg scheint mein Gefährt nehmen zu wollen oder zu müssen.

Die Barke gleitet, sich selbst steuernd, einen Schneehang hinauf: Das Lebensschiff der Träumerin weiß, wohin es mit ihr will, und lenkt sich selbst. Sie ist eher passiv und läßt sich lenken. Darin gleicht ihre Fahrt der des Helios oder der Sonnengöttin. Der schneebedeckte Hang weist auf die Winterzeit hin, auf Rückzug und Abschied vom lebendigen Grün des Sommers und vielleicht auch des Gefühls. Der Weg, der hinter ihr liegt und auf den sie zurückblickt, ist in das warme Rot der untergehenden Sonne getaucht:

Ging es aber leuchtend nieder,
leuchtet's lange noch zurück.

Sie muß hier Abschied nehmen, aber von etwas Gelungenem, das in die Gegenwart auf dem Schiff hineinstrahlt. Alles, selbst das Schiff, „erglänzt in tiefem Feuerrot": ein Rot der Fülle und der sommerlichen Kraft, auch der Selbstbehauptung und Ichstärke.

Die Träumerin erzählt, daß sie mit 32 Jahren diesen Traum hatte. Wenige Monate später brach sie mit ihrer Familie auf, um einen Auslandsdienst auf einem anderen Erdteil anzutreten. Vier Wochen dauerte die Schiffsreise, während der sie meistens unter Deck saß und ihren Abschied von Deutschland und einer liebgewonnenen Lebensform gründlich durchlitt. Sie hatte bis dahin keinen eigenen Beruf erlernt und ausgeübt, sondern sich ganz der Familie gewidmet. Diese Lebensform war gut für sie gewesen, sie erscheint im Traum in tiefes Feuerrot getaucht. Doch auch hier wirft ein Abschied seinen Schatten – und sein Licht – voraus, denn es ist die Zeit des Sonnenuntergangs. Als sie nach drei Jahren den Auslandsaufenthalt beendet und vorzeitig nach Deutschland zurückkehrt, beginnt sie einen neuen und damit ihren eigenen Weg. Sie beginnt ein Studium, schließt es erfolgreich ab und arbeitet seither

in ihrem eigenen Beruf. Auch ihre eheliche Lebensform hat sie beendet und lebt allein.

Solch ein Neubeginn geht nicht reibungslos. Im
Traum sitzt sie nicht mit ihrer Familie „in einem
Boot", sondern allein. Es ist also ein einsamer Weg,
der vor ihr liegt – wie der der königlichen Pilgerin im
Märchen –, zu dem sie viel Mut braucht. Der Kurs
ihrer Barke führt zunächst auf die Höhe, damit sie
den Blick frei hat für den weiteren Weg. Doch dieser
ist nicht erkennbar, er liegt im Dunkel eines tiefen
Tales. Im Gegensatz zu dem warmen Feuerrot in
ihrem Rücken wirkt das Dunkel beängstigend. Niemand weiß, wie es weitergeht. Nur daß es bergab im
Winter gehen wird, weiß die Träumerin. Dennoch
vertraut sie sich dem Kurs ihrer Barke an: „Diesen
Weg scheint mein Gefährt nehmen zu wollen oder
zu müssen." Sie überläßt sich der Steuerung ihres
Lebensschiffes. Damit bejaht sie den von innen er-
zwungenen eigenen Weg, der zuerst ins Unbekannte, Dunkle führt. Zu ihr spricht keine große Autorität wie zu Abraham: „Gehe aus deiner Vaterstadt in
ein Land...", doch ist es ein inneres Muß, die gleiche unausweichliche Aufforderung, sich auf den
Weg zu machen. Die königliche Pilgerin tat, was ihr
Herz ihr sagte; diese Frau folgt ihrer inneren Stimme, sie sich im Traum ankündigte. Für alle diese
Pilger und Pilgerinnen gibt es keinen Ausweg oder
Rückzug, sondern nur den Weg nach vorn „in ein
Land, das ich dir zeigen werde". Wer ihn nicht geht,
hat seine Chance verpaßt; wer ihm folgt, darf seiner
inneren Führung, seiner Stimme des Herzens, gewiß
sein. Im Sonnenkessel der Wandlung ist es zwar
nicht bequem und gemütlich, doch ist die feurige,
wandelnde Energie mit im Schiff, in der Barke.

Dritter Teil
Wandlungen des Lichts im Zyklus des Sonnenjahres
Balder stirbt – Apollon kehrt wieder

Sonnenjahr statt
Menschenjahr

Wenn wir vom Sonnenjahr sprechen, sagen wir
damit, daß es nicht genau mit unserem
menschlichen Kalenderjahr übereinstimmt. Der
1. Januar ist ein künstlich gesetzter Jahresbeginn,
das Sonnenjahr beginnt mit der Sonnenwende des
Winters um den 21./22. Dezember. Auch der christliche Festkalender weicht von den Daten der seit
Menschengedenken begangenen Sonnenfeste ab –
bewußt, um die neue Sonne Christus von den alten
Sonnengottheiten zu unterscheiden und den christlichen Kult von deren Kult zu trennen.

Auch unser moderner Terminkalender verrät uns
fast immer die wichtigen Tage des Sonnenjahres,
den Beginn der vier Jahreszeiten. Der Winteranfang
am 22. Dezember bezeichnet die Wintersonnenwende, also den Zeitpunkt des kürzesten Tageslaufs der
Sonne, der von nun an wieder länger wird; Früh-
lingsanfang am 21. März markiert den Sonnenaufgang am Tag der Tagundnachtgleiche des Frühlings,
Sommeranfang am 21. Juni die Sommersonnenwende, der Herbstanfang am 23. September die Tagundnachtgleiche des Herbstes. Die Sonnenaufgangs-
punkte dieser vier Daten können wir uns auf der
Horizontlinie von Ost nach West eingezeichnet vorstellen: Der Aufgangspunkt der Sonne wandert im
Lauf des Jahres immer weiter auf dieser Linie Rich-

tung Süden. Ihren äußersten, im Nordosten gelegenen Punkt berührt die Sonne am Morgen des 21. Juni, also am längsten Tag, den innersten im Südosten gelegenen am 22. Dezember, dem kürzesten Tag. (Entsprechend liegen die Untergangspunkte im Nordwesten bzw. Südwesten.) Diese Beobachtungen können wir auch vom Zimmer aus machen, wenn wir ein Ost-, Süd- oder Westfenster haben. Ich habe mir die beiden Punkte an der Wand fixiert, die der erste Sonnenstrahl am Morgen des 22. Dezember und 21. Juni berührt. So kann ich das Jahr über beobachten, wie dieser Punkt wandert.

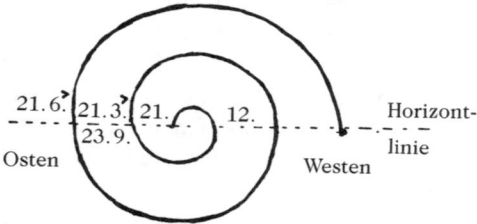

Sonnenspiralweg mit den vier Jahreszeiten-Punkten

Da die Sonne ihren „Kalender" zuverlässig einhält und nicht von ihrer alljährlichen Bahn abweicht, verehrte sie der frühe Mensch als Garantin der göttlichen Ordnung des Kosmos. Er wußte sein Leben und das der Natur von ihr abhängig und richtete seinen Jahreslauf und seine Arbeiten genau nach der Sonne. Doch nicht nur das: Vor allem konnte er die in alter Zeit so gefürchteten Sonnen- und Mondfinsternisse im voraus berechnen. So war der Verdunkelung und „Verschlingung" der verläßlichen Lebenslichter ihre dämonische und willkürliche Macht genommen, jedenfalls teilweise. Durch Vorher-Wissen konnte er sie in das Ganze einordnen.

Alteuropäische Kultplätze

Wie heilig und lebenwichtig dem frühen Menschen die Kenntnis des Sonnenlaufs war, können wir besser verstehen, wenn wir zu den alten Stätten steinzeitlicher Sonnenverehrung reisen und dort unsere Beobachtungen machen: nach Stonehenge in Südengland, in die Bretagne zu den Steinsetzungen von Carnac, den Alignements, oder zu den Externsteinen im Teutoburger Wald, um nur die bekanntesten zu nennen.

Mit den megalithischen Denkmälern erbaute sich der Mensch des vierten und dritten Jahrtausends v. Chr. riesige Sonnenuhren, die unter anderem die vier Kardinalpunkte des Sonnenjahres und andere für die Landwirtschaft wichtige Zeiten anzeigten. In Stonehenge war sehr wahrscheinlich auch ein Planeten- und Mondkalender eingebaut, der die Mondknotenumläufe von je 19 Jahren anzeigte. Diese Daten waren sehr wichtig für den Festkalender des Sonnengottes. Die großen Bauten der Megalithkultur dienten natürlich nicht nur als kosmische Uhren, sondern waren Stätten des Sonnenkultes. Ihre Form stellte oft symbolisch nachahmend das kosmische Rund dar, in dem sich die Himmelskörper bewegen. Dort konnte sich der Mensch verehrend mit diesen Kräften verbinden.

Noch heute laden diese Stätten den Besucher zur „Begehung", zu Kreistanz oder Prozession ein: Zum

Beispiel bilden die Steinalleen von Carnac „heilige Wege" einer Art Flurprozession. Ihre Richtung hat eindeutig etwas mit dem Sonnenlauf zu tun, denn alle bekannten Alignements führen von Ost nach West mit der Richtung des Sonnenlaufs. Teils sind sie auf die Horizontpunkte der Tagundnachtgleichen, teils auf die der Sommersonnenwende orientiert.

Die sieben Alignements von Le Ménec beginnen im Osten mit niedrigen Steinen von etwa 30 cm Höhe und wachsen beim Weiterschreiten förmlich mit, bis sie im Westen eine Höhe von ca. vier Metern erreichen. So konnte der Mensch der Frühzeit den Weg der Sonnengottheit mitwandern und feiern. Indem die Sonne am Himmel aufstieg, wuchsen die Steine und wuchs er selbst, auch die Schatten veränderten sich. Der Weg mit der Sonnengottheit beschrieb ihm seinen eigenen Lebensweg: von der Geburt im Osten bis zum Tod und Übergang der Seele ins Reich der Ahnen, das im Westen lag. So ist auch die Verwendung der Monolithen als Gedenksteine für die Ahnen durchaus nachvollziehbar. In Westrichtung lag das Meer – oder besser: die See, der man im Totenkult oft die Verstorbenen anvertraute, damit ihr Schiff sie in die andere Welt trage. Aus der See erwartete man auch die Seelen der Neugeborenen, wie unser Wort „Seele" bis heute beweist: Es bedeutet „die von dem oder der See Abstammende" (von urgermanisch saiwalo). Die Steinreihen werden von einem Halbkreis beschlossen, der an eine Apsis erinnert. Ein Zentralstein bezeichnet wohl die Mitte, wo am Altar ein Opfer an die Sonnengottheit zelebriert wurde: an eine Gottheit des Lebens, des Todes und des unvergänglichen Lebens.

Kultboot mit Sonne und Kreuz. Bronzezeit, Felszeichnung in Tanum, Schweden

Der am höchsten aufragende natürliche Menhir Deutschlands ist wohl der Felsen 2 der Externsteine südlich von Detmold. Er enthält in seiner Kopfspitze das sogenannte Sacellum, einen Raum mit einer Nische, die eine Art Altartisch und zwei Sitzbänke aus Stein enthält. In dieser Nische über dem Steintisch ist die Mauer durchbrochen und gibt den Blick durch ein rundes Sonnenloch frei. Zwar wurde diese alte Sonnenwarte nach ihrer Zerstörung durch Karl den Großen zu einer Kapelle umgebaut, doch kann man sie noch bestens zur Sonnen- und Gestirnbeobachtung nutzen – wie in alter Zeit. Ich kann mir gut vorstellen, daß die germanische Seherin und Priesterin, die Wala oder Veleda, hier ihren Platz hatte, um die kosmischen Rhythmen zu beobachten, die Zeitläufte aus den Sternen zu deuten und zu weissagen. Der römische Historiker und Schriftsteller Tacitus besaß sehr eingehende Kenntnisse der Germanen und ihrer Bräuche und hat sie in seiner „Germania" beschrieben. Dort heißt es, daß „auf einem hohen Turm an den Quellen der Lippe" die Veleda gehaust habe (der Externstein liegt von diesen Lippe-Quellen etwa einen Kilometer entfernt). Sie sei von den Stammesfürsten hoch geachtet und ihr Heiligtum oft besucht und mit Weihegaben bedacht worden. Welcher andere hohe Turm als dieser Felsturm käme dafür mehr in Frage, zumal die Germanen keine Türme zu bauen pflegten, sondern in der Natur ihre Gottheiten ehrten. Viele andere Fakten sprechen dafür, daß die Externsteine ein sehr altes Heiligtum sind, ja daß die Irminsul, „der Weltenbaum" oder „die Weltachse", hier ihren Platz hatte. Sie kann als das zentrale kultische Symbol der Germanen gelten und entspricht wohl der Weltesche Yggdrasil. Sie ist sogar an den Externsteinen abgebildet: Ein großartiges romanisches Relief zeigt den Kreuzesbaum, von dem der Leib Christi heruntergenommen wird, und neben ihm den alten Lebensbaum der Germanen, die umgeknickte Irminsul. Sie stützt nicht mehr das Himmelsgewölbe, sondern Sonne und Mond flankieren jetzt den Kreuzesbaum und sind Zeugen des christlichen Mysteriums.

Die Externsteine wurden von den Nationalsozialisten ideologisch mißbraucht und zum nationalen Denkmal erklärt. Deshalb scheint es bis heute besonders schwierig, hier zu forschen und die germanische Frühgeschichte zu erhellen. Zu leicht gerät man in den Verdacht der „Deutschtümelei" oder des Nationalismus.

Dennoch wurden in jüngster Zeit im „Turm der Veleda" interessante Beobachtungen gemacht und auch fotografisch dokumentiert. Die Forscher beobachteten an den Sonnenwenden oder Tagundnachtgleichen von der alten Sonnenwarte, dem Sacellum, aus, welche Licht- und Schattenspiele das Sonnenlicht dort vollführt. Es ist ein eindrucksvoller Augenblick, am 21. Juni die aufgehende Sonne bei ihrem Durchgang durch das Sonnenloch über dem Altartisch zu beobachten. Danach kann man den weiteren Weg des Sonnenlichtes verfolgen, wie es zum Beispiel zu Mittag, wenn die Sonne im Zenit steht, die vordere Kante des Altartisches scharf aus der dämmerigen Umgebung heraushebt. Noch interessanter wird die Beobachtung der Sonnenspur einige Minuten später. Norbert Conzeth, ein junger Forscher, beschreibt seine Beobachtungen: Auf dem Altartisch bildet sich nämlich „eine kleine Spitze, die dann zu einem Pfeil wird und schließlich genau auf das in der Mitte (der Steinplatte) eingemeißelte Loch zeigt. Soviel Zufall? Daran mag ich nicht glauben!"[25] Der Altartisch erwies sich als ein genauer Meß- und Visierstein für die Winter- und Sommersonnenwende zur Mittagszeit sowie für die Tagundnachtgleichen am 21. März und 21. September. Conzeth untersuchte auch andere alte Kultorte und Sonnenwarten in Süddeutschland und fand auch dort das Phänomen des „Lichtzeigers" oder des Lichtpfeiles. Immer zum genauen Zeitpunkt der Sonnenwenden erreichten diese „Lichtzeiger", wie Conzeth sie nennt, bestimmte Meßsteine und zeichneten darauf ihre scharfen Markierungen. Dies manchmal auf abenteuerliche Weise: durch eine Lücke, einen Spalt oder ein Loch im Fels, wo die Sonnenstrahlen in diesen wenigen Minuten pünktlich eintrafen. Die Beobachtungspunkte für das Schauspiel entdeckte Conzeth ziemlich schnell, denn sie waren immer deutlich im Stein gekennzeichnet. Der Lichtpfeil – wie ich Conzeths „Lichtzeiger" nennen möchte – spielt übrigens in der Sonnenmythologie des Nordens eine große Rolle, wie ich noch zeigen werde.

Der am besten bekannte und erforschte Ort steinzeitlicher Sonnenbeobachtung und des Sonnendienstes im alten Europa ist sicher Stonehenge in der Ebene von Salisbury in Südengland. Die archäologischen Forschungen haben ergeben, daß Stonehenge wohl in drei Bauetappen von 2800 v. Chr. an errichtet wurde, in den gleichen Jahrhunderten, in denen die großen Pyramiden Ägyptens und die minoischen Paläste auf Kreta gebaut und das Gilgamesch-Epos und die Mythen von der Himmelsgöttin Inanna in Sumer aufgezeichnet wurden.

Die kreisförmige Anlage war mit einem Ringwall von 94 m Durchmesser umgeben, der eine Lücke oder eine Art Eingang aufwies: in Richtung des Sonnenaufgangspunktes am Tag der Sommersonnenwende. Dort wurde der mächtige Heel-Stein errichtet (Sonnen-Stein, vgl. Helios!). Das ist ein Menhir, dessen Spitze auf den Aufgangspunkt am Horizont zeigt, wenn man ihn am Tag der Sonnenwende vom Zentrum des Kreises aus anvisiert. Im Zentrum stand ein Altarstein. Verschiedene Steinanordnungen waren innerhalb des Ringwalles gesetzt, so daß sich strahlenförmig in alle Himmelsrichtungen Beobachtungspunkte oder Visierlinien ergaben. Die vier Hauptrichtungen dienten natürlich der Beobachtung der Sonnenaufgangs- bzw. Untergangspunkte zu den beiden Sonnenwenden und waren markiert als die sogenannten Stationssteine 91, 92, 93 und 94, die einander gegenseitig als Visierpunkte dienten. Diese ermöglichten außerdem eine Einteilung des bäuerlichen Jahres und seiner Zeiten für Aussaat, Wachstum, Frucht und Ernte. Diese vier Daten wurden neben den vier Sonnenfesten als Feste der Erde und ihrer Geschenke begangen. Sie wurden noch bei den Kelten gefeiert und sind auch uns nicht verlorengegangen, da sie zum Teil in den christlichen Festen wiederkehren: Das Samhuin- oder Hallowen-Fest (keltischer Name) entspricht Allerheiligen Anfang November; Imbolc Anfang Februar entspricht Mariä Lichtmeß; das Beltane-Fest Anfang Mai dem Walpurgistag; Lugnasad oder Lammas Anfang August käme dem alten „Kornmutter-Tag" nahe und wird heute als „Mariä Himmelfahrt" am 15. August gefeiert. Das Hallowen-Fest (Allerseelen) am 1. November galt den Alten als Neujahrsfest der Erde. Es markierte den Beginn der neuen Aussaat und zugleich die Zeit, mit denen „in der Erde" in Kontakt zu treten und die Ahnen um ihren Segen zu bitten[26].

Über kein Bauwerk der alten Welt – außer der Cheopspyramide – wurde so viel gerätselt und über keines eine solche Menge Theorien von Archäologen, Astronomen, Mathematikern und Esoterikern ausgearbeitet wie über Stonehenge. Der heutige Stand der Forschungen erlaubt es, die Anlage von Stonehenge als eine von vielen Generationen mit großem Wissen und Organisationstalent erbaute Tempel- und Beobachtungsanlage zu erkennen, die dem Studium der Himmelskörper diente. Unter anderem belegt dies eine Computer-Analyse, die G. S. Hawkins mit allen verfügbaren Daten von Stonehenge erstellte[27]. Der gälische Name für Stonehenge lautete: „Tanzsaal der Riesen". Leider sind nicht alle Monolithen (Einzelsteine), die einmal die Anlage bildeten, erhalten, einige stehen auch nicht mehr an ihrem angestammten Platz. (Neue wissenschaftliche Methoden der Spurensuche können da allerdings

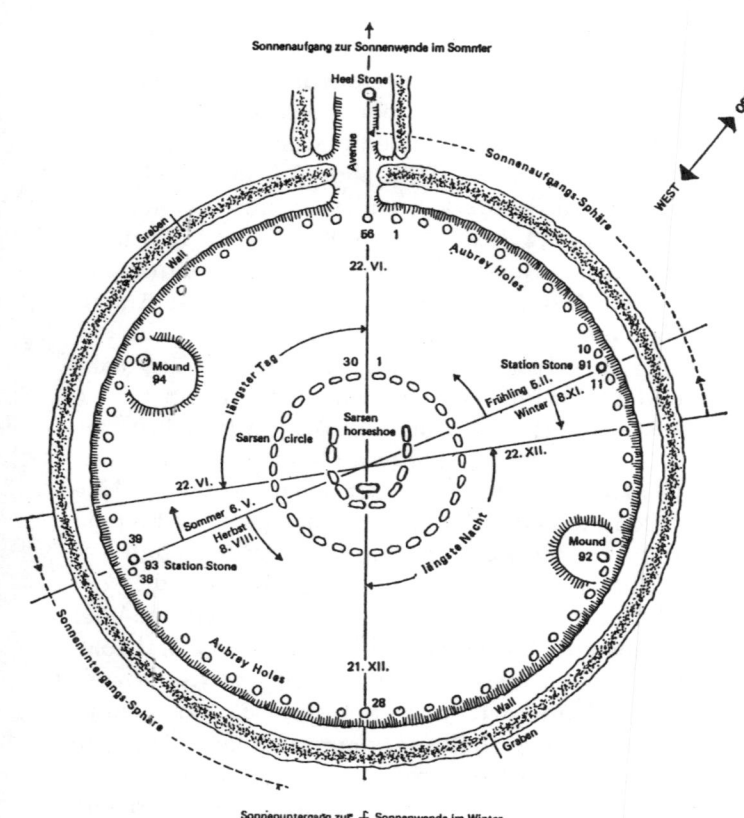

Anlage von Stonehenge: Die Steinsetzungen als „Sonnenuhr" im Jahreslauf (nach G. von dem Borne, Der Gral in Europa, S. 67)

aushelfen und ehemalige Standorte festmachen.) Dennoch können wir das vollkommenste und eindringlichste Symbol in Stonehenge erkennen: das des Kreises, der das Ganze symbolisiert; den „Weltkreis" des Kosmos mit seinem Sonnen-Zentrum, wie es die Alten schauten.

Welche Rituale hier stattgefunden haben mögen,

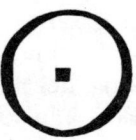

Astrologisches Sonnensymbol

ob Tier- oder Menschenopfer dem Sonnengott dargebracht wurden, wissen wir nicht. Doch legt der „Tanzsaal der Riesen" es nahe, daß im Schreittanz oder Reigen die Mitte umkreist wurde, ein Altar, der zugleich der wichtige Beobachtungspunkt zur Sonnenwende war. Hier konnten die Priester das alljährliche kosmische Drama beobachten, wie der Sonnengott am Tag seines größten Sieges durch das Sonnentor „von Angesicht zu Angesicht" eintritt und nach dem längsten Tag seinen Tagesbogen allmählich verkürzt. Im Gegensatz zur geradlinigen Prozession, wie sie die Steinreihen von Carnac nahelegen, konnte man hier den Kreistanz oder Reigen schreiten – so wie die Wandelsterne um die Sonne „wandeln". Gleich den Planeten erhielten auch die tanzenden Menschen ihre Energie und das Licht für Seele und Geist aus der Mitte.

Die Sonn erregt das All,
macht alle Sterne tanzen.
Wirst du nicht auch bewegt,
gehörst du nicht zum Ganzen.

Angelus Silesius

Dieser Kreis der Steine und Kräfte, dieser Sonnenort symbolisiert die große Ordnung und ihre immer gültigen Gesetze, die über menschliche Selbstbezogenheit und beschränkte Zeitlichkeit hinaus alles

Leben und Sein trägt. Hier erweitert sich der menschliche Blickwinkel und erkennt den umgreifenden Zusammenhang, der auch ihn einbettet und ihm Sinn verleiht. Eine Tanzlehrerin, die heute die alten Reigentänze weitergibt und von der ich viel gelernt habe — Maria Gabriele Wosien —, sagt dazu:

„Glück und Berufung des Menschen als Tänzer ist die Erfahrung, nicht der letzte Mittelpunkt zu sein, sondern vertrauensvoll mit seiner eigenen Mitte um eine andere kreisen zu dürfen. Nicht länger bin ich, die Erde, Zentrum, die befreiende Erkenntnis ist die Einsicht, Trabant eines größeren Zentrums zu sein, das seine Entsprechung im Innen wie im Außen hat.

Dem heutigen Menschen ist der Sinn aufgegangen für eine universelle Zusammenschau des Gegensätzlichen. Im Reigentanz beruht die Ordnung einer totalen Partizipation auf einem andächtigen Sichhinwenden des ganzen Menschen beim Begehen des Kreishorizontes um die gemeinsame Mitte, in der Überwindung unseres zivilisierten, vollendeten Gottes, der sich schon viel zu lange nicht mehr bewegt. Dadurch kann die Welt wieder erlebt werden als ein großes Gewebe von Schwingungen, wobei jeder einzelne selbst den Tanz heiligt."[28]

Tanz und Musik gehören zusammen. Der griechische Lichtgott Apollon spielt die Leier oder Kithara und führt sie alle zum Reigen, die neun Musen wie die olympischen Götter. Ordnung und Harmonie des Kosmos (wörtlich: „die schöne Ordnung") drücken sich überzeugend in musikalischer Harmonie aus. Auch vom Sonnengott Helios heißt es, er lenke „mit goldener Leier des Alls harmonische Bahn"; vom Lichtgott Apollon heißt es in der orphischen Hymne, er setze als „Harfenspieler" den kosmischen Reigen in Bewegung und leite ihn. Im Sommer bringe er die tiefen, im Winter die hohen Töne zum Erklingen. Ich verstehe das so, daß Apollon im Sommer die Töne und das Licht aus ihrer Höhe tief in die Erdatmosphäre eindringen und sie wärmen läßt, während er sie im Winter in die Höhe und kühle Ferne zurückholt. Seiner bevorzugten Jahreszeit, dem Frühling, ordnet Apollon auch seine liebste Tonart, die dorische, zu: Sie macht stark und aktiviert die Kräfte.

Ist das nicht ein gewagter Sprung – von den Kultplätzen der Sonne im nordwestlichen Europa hin zu Helios und Apollon, den Sonnengöttern der Griechen im südöstlichen Europa? Nein! Die ursprüngliche Heimat Apollons ist das Land „nördlicher als der Nordwind", von den Griechen aus gesehen, sie nannten es „Land der Hyperboreer". Nach fast einhelliger Meinung antiker Autoren ist hier die Heimat Apollons. Er verließ dieses Land auf einem Sonnenwagen, von Schwänen gezogen, weil Vater Zeus ihn nach Delphi schickte. Er stattete den Sohn mit einem goldenen Stirnreif und der Leier aus, damit er den Griechen die Kultur bringe. Diese uralte Hochkultur im Norden, aus der Apollon stammt, haben wir ja bereits in einigen ihrer Bauten ein wenig kennengelernt. Bei den Nordgermanen wurde der Gott des Lichtes Balder genannt. Beide Götter, Apollon und Balder, verkörpern dasselbe Lebensprinzip, denselben göttlichen Gedanken, der in zwei verschiedenen Kulturen in unterschiedlicher Gestalt verehrt wurde. Beide stellen das Licht als eine göttliche Kraft dar und unterscheiden sich darin von Helios bzw. Sunna, die mehr die physische Sonne mit allen ihren Wirkungen repräsentieren.

Apollon ist seiner nördlichen Heimat immer treu geblieben. Das hätte für die Griechen, die sich gegenüber den Barbaren – den Anderssprechenden – stets scharf abgrenzten, eine herbe Kränkung sein müssen, und doch berichten sie immer wieder, alle Jahre im Herbst habe Apollon seinem Heiligtum in Delphi den Rücken gekehrt und sei im Schwanenwagen in seine nördliche Heimat zurückgekehrt. Vor den Hyperboreern hatten die Griechen also Hochachtung und schätzten sie als kulturell überlegen. Während seiner Abwesenheit überließ Apollon seinem so ganz anders gearteten Bruder, dem orgiastischen Dionysos und dessen Mainaden, das Heiligtum von Delphi. Erst die Feiern, Gesänge und Tänze zu seinen Ehren, die man in Delphi zu Frühlingsbeginn beging, riefen oder lockten den Gott zurück. Den Frühling liebte er wie auch die Stunde des Sonnenaufgangs – die Zeiten der jungen, erneuerten Energie des Lichtes. So war ihm auch der Tag geweiht, der seit Menschengedenken die Erneuerung und Neugeburt aus der Nacht feiert: der Tag des Neumondes.

Wie mögen wohl Kultfeiern zu Ehren des Lichtgottes zugegangen sein? Wie mag es ausgesehen, geklungen und gerochen haben, wenn sich die uralten megalithischen Heiligtümer mit Leben füllten, die vielen Kultstätten, die es im nordeuropäischen Raum neben Stonehenge gegeben hat? Uns sind einige Berichte aus der Antike überliefert, die uns eine Ahnung davon geben können, auch wenn sie aus einem zeitlichen und örtlichen Abstand geschrieben wurden oder idealisiert klingen. Den folgenden Bericht verdanken wir dem Historiker Diodor von Sizilien, einem Schriftsteller aus dem

1. Jahrhundert v. Chr. Er überliefert uns folgende Textquelle:

Jenseits des Keltenlandes liegt eine Insel im Ozean, die nicht kleiner als Sizilien ist. Dieselbe erstreckt sich gegen Norden hin und wird von den Hyperboreern bewohnt, die so genannt werden, weil sie noch jenseits der Gegend wohnen, von wo der Boreas (Nordwind) weht. Die Insel hat sehr guten Boden und ist sehr fruchtbar. Das Klima ist dort so günstig, daß jährlich zweimal Ernten stattfinden können. Auf dieser Insel soll Leto geboren sein, weshalb denn auch Apollon, der Sohn der Leto, von allen anderen Göttern dort am meisten verehrt wird. Die Einwohner sind gleichsam als Priester des Apollon zu betrachten, weil dieser Gott jahraus, jahrein, Tag für Tag, von ihnen mit Lobgesang gepriesen und ausnehmend verehrt wird. Auch ein herrlicher Hain des Apollon ist dort auf jener Insel und ein berühmtes Heiligtum, das mit vielen Weihgeschenken geschmückt und „im Schema der Sphären" (sphairoeide to schemati) erbaut war. Auch eine Stadt, die diesem Gott geweiht ist, gibt es daselbst, und die Mehrzahl ihrer Bewohner sind Zitherspieler und sitzen immer im Heiligtum mit Saitenspiel und Gesang, den Gott lobpreisend und seine Taten verherrlichend.

Von jener Insel aus soll der Mond in geringem Abstand von der Erde erscheinen und ganz deutlich sichtbare Erhebungen wie die Erde zeigen. Immer nach neunzehn Jahren soll der Gott die Insel besuchen, in welchem Zeitraum die Gestirne immer wieder in dieselbe Stellung zurückkehren, weshalb denn auch bei den Hellenen ein neunzehn-

jähriger Zeitraum „das Jahr des Meton" genannt wird[29].

Dieser Bericht enthält einige hochinteressante Details. Er muß von einer Epoche sprechen, die noch vor dem großen Klimasturz am Ende des 13. Jahrhunderts v. Chr. liegt. In dieser Zeit war Norwegen bis in seine nördlichen Zonen von riesigen Laubwäldern bestanden, und Südfrüchte gediehen in Schweden. Daher spricht der Autor vom günstigen Klima dieser Nordinsel. Das „berühmte Heiligtum" läßt aufhorchen. Es ist rund erbaut nach dem Schema des Himmelsgewölbes, also nach Maß und Ordnung der Sonnen- und Planetenbahnen. Erinnert das nicht an die Bauweise von Stonehenge? Schließlich ist der Zeitraum von 19 Jahren interessant, nach dem der Gott die Insel besucht, also große Feierlichkeiten zu seinen Ehren stattfinden. Auch davon war schon die Rede, als es um die Maße von Stonehenge ging: um die Daten der Mondknotenumläufe von etwa 19 Jahren, die in Stonehenge in den sogenannten Aubrey-Löchern „eingespeist" sind. Die Gestirne kehren tatsächlich alle 19 Jahre in die gleiche Stellung zurück, wie unser Gewährsmann sagt, denn Sonne, Mond und Erde stehen dann wieder in der gleichen Stellung zueinander wie knapp 19 Jahre zuvor. Wenn zum Beispiel am Tag meiner Geburt gerade Vollmond war, erlebe ich diesen Geburtstags-Vollmond erst wieder an meinem 19., 38., 57. Geburtstag. Diese sogenannte „Meton-Periode" von 19 Jahren entspricht genau 235 Mondmonaten. Sie ist deshalb so bedeutsam, weil sie eine kalendarische Vereinigung des Sonnensystems und Mondsystems erlaubt.

Besonders berührt die Atmosphäre dieses nördlichen Apollonheiligtums. Es ist wohl von einem Hain umgeben, und man hört Saitenspiel und die Gesänge der offenbar sehr musischen Bewohner.

Einen zweiten Bericht möchte ich zitieren, der ein Licht darauf wirft, in welchem Verhältnis Apollon zu Balder, dem Lichtgott der nordgermanischen Völker, steht. Der weiße Singschwan, Apollons heiliger Vogel, verbindet sie beide – und der musische Kult mit Zitherspiel und Gesang. Aelian, ein Schriftsteller des 2.–3. Jahrhunderts n. Chr., hat uns diese zauberhafte Beschreibung in seiner „Geschichte der Tiere" gegeben, einem biologischen Lehrbuch:

Die Priester des Gottes Baldur sind dort Söhne der Reiffriesen und der Frau Holle, drei an Zahl, leibliche Brüder, 2,50 m groß. Wenn diese die gewohnten heiligen Handlungen zu bestimmten Zeiten vollführen, dann fliegen von den sog. Fjelden unermeßliche Scharen von S. (Singschwänen, die Verf.) herab, umkreisen den Tempel und reinigen ihn gewissermaßen durch ihren Flug; dann lassen sie sich im Tempelhofe nieder, der sehr groß und wunderschön ist. Wenn die Leute nun nach ihrer Weise Hymnen singen, wenn die Zitherspieler ihre Akkorde schlagen, dann stimmen auch die S. mit ein, und nie hört man einen Mißklang in diesem heiligen Konzert; es macht vielmehr den Eindruck, als ob alles vorher genau eingeübt wäre. Sind die Gesänge beendet, so gehen die Priester an ihre gewohnten Geschäfte, jene Vögel aber, sozusagen geflügelte Chorknaben, feiern den Gott noch in ihren Liedern den ganzen Tag[30].

103

Mit diesem Bericht werden wir in ein Heiligtum zu Ehren Balders, des nordgermanischen Lichtgottes, eingeführt. Drei hochgewachsene Priester dienen ihm, sie verraten mit ihrer Statur ihre germanische Herkunft. Interessant sind vor allem ihre Eltern, die eher zu den Feinden des Göttergeschlechts gehören: die Herrin der Geister und der Toten, die Holle oder Hel, und Eisriesen. Von diesen lebensfeindlichen Energien stammen also die Priester Balders ab, sie dienen dem Lichtgott – vielleicht während der dunklen Zeit seiner Abwesenheit? Dieses Fest jedenfalls, von dem Aelian berichtet, ist vermutlich ein Frühlingsfest, denn immer, wenn das Eis schmilzt, fliegen die Singschwäne in großen Scharen und lassen ihre wohlklingenden Glockenrufe hören. Hier erscheinen sie zum Gottesdienst, ein synchronistisches Ereignis, das auch den Erzähler tief beeindruckt hat. Erschien doch der Gott oft in seinen heiligen Tieren und teilte sich so den Menschen mit! Den „geflügelten Chorknaben" werden wir noch einmal bei Apollon begegnen, zu dem sie ja besonders gehören.

Mit dieser freundlichen und anrührenden Erzählung davon, wie der Lichtgott Balder offenbar im Kult verehrt wurde, wenden wir uns nun den mythischen Berichten zu, die vom Tod des Lieblings der Götter und Menschen handeln. Sie sind in der Edda überliefert, einer Liedersammlung aus Alt-Island, die in altnordischer Sprache verfaßt wurde. Sie stammt zwar aus später Zeit, dem frühen 13. Jahrhundert, als Island schon christianisiert war, bewahrt aber eine letzte lebendige Erinnerung an die Welt der germanischen Götter und Helden.

Götterdämmerung:
Balder muß sterben

Balder ist der Sohn des Göttervaters Odin und Friggs, der „Herrin". Zwar tritt sein Name bei den Germanen selten auf, doch wurde er bei den Nordgermanen hoch verehrt. Vor allem aber steht er im Zentrum des Weltendramas, das mit seinem Tod beginnt.

Balder war ein heller, guter Gott, den alle liebten und lobten. Er war schön von Angesicht und so strahlend, daß ein Leuchten von ihm ausging. Es gab eine weiße Pflanze, die man mit Balders Augenbraue verglich, so hell und schön waren Balders Haar und Leib. Er war der klügste der Asen (hohen Götter), der beredteste und mildeste; nur waren seine Urteilssprüche nicht von Dauer. Er bewohnte einen Palast Breidablik („weites Glänzen"), der im Himmel lag. Dort konnte nichts Unreines geschehen.

Balders Leben verlief in Glück und Ruhe, doch eines Tages hatte er schwere Träume, die sein Leben bedrohten. Er erzählte im Rat der Götter davon. Sein Vater Odin sattelte sein schnelles Pferd Sleipnir und ritt zur Hel. Dort wußte er das Grab einer Seherin, deren Geist er heraufbeschwor und nach Balders Schicksal befragte. Die Wala sah, daß im Reich der Hel der Tisch für Balder schon gedeckt war und er bald sterben mußte. Nun eilte Odin zurück. Frigg, Balders Mutter, wußte, daß ihr Sohn nie einem Wesen etwas zuleide getan hatte, und so verpflichtete sie alle Wesen der Erde und ließ sie schwören, daß sie Balder nicht schaden werden: weder Feuer, Wasser, Erde noch Luft, weder Erze noch Tiere noch Krankheiten. Nun erfanden die Götter ein eigenartiges Spiel, die Verläßlichkeit dieser Versprechen zu prüfen. Die Spielleidenschaft riß sie hin, und in einer Art Wettkampf warfen sie alle nur möglichen Dinge und Waffen auf Balder, aber nichts konnte ihm schaden. Doch der wachsame und listige Loki sah das alles mit Unwillen, es gefiel ihm übel. Sollte es möglich sein, daß ein Wesen – und sei es noch so rein – vor allem Schaden sicher sein konnte? In der Gestalt eines alten Weibes schlich er sich bei Frigg ein und horchte sie aus. Frigg war unvorsichtig genug zuzugeben, daß es da eine Ausnahme gab: Ein kleiner, harmloser Baumsproß wachse da westlich von Walhall, der Mistelzweig. Der erschien ihr zu harmlos, ihn unter Eid zu nehmen.

Loki holte den Mistelzweig und ging damit zur Thingversammlung, wo das Wettspiel stattfand. Abseits sah er Höder stehen, einen blinden Bruder Balders, der nicht am Spiel teilnahm. Den überredete Loki, mit seiner Hilfe auf Balder zu zielen, um ihm auch die Ehre zu geben. Höder schoß den Mistelzweig auf Balder und durchbohrte ihn damit. Balder fiel tot zur Erde, und alle Götter erstarrten in Schreck und Schmerz. Weinend und voller Trauer gaben sie Balder ein würdiges Begräbnis: Auf einem Schiff errichteten sie einen Holzstoß, legten Balders Leichnam darauf sowie auch sein Pferd und zündeten ihn an. Da war auch einer, der den Mord an Balder rächte: Vali, Odins Sohn. Dieser war ein Halbbruder Balders und gerade neu geboren. Er war erst „eine Nacht alt" und kam, um die Gerechtigkeit wiederherzustellen. Er tötete Höder.

Frigg konnte sich mit dem Tod Balders nicht abfinden und schickte einen Gesandten, Balder aus dem Reich der Hel loszubitten. Er wagte die Unterweltreise, und Hel zeigte sich gnädig: Sie wollte Balder unter der Bedingung hergeben, daß alle Wesen um ihn weinten. Das schien nicht schwer, denn alles, was auf der Welt lebte, vergoß Tränen um Balder. Doch in einer abgelegenen Höhle saß die Riesin Thökk, die wollte nicht die kleinste Träne vergießen. „Nicht lebend noch tot tat mir Liebes der Mann: halte Hel, was sie hat." Diese einzige soll, wie der Erzähler weiß, wieder eine Verkleidung Lokis gewesen sein, der es damit zu verhindern wußte, daß Balder zurückkehrte.

Nach Balders Tod gab es nichts mehr auf der Welt, das ganz rein und gut gewesen wäre. Lokis Zerstörungswille setzte sich immer mehr durch. Muspilli, der Weltbrand, und Ragnarök, der Untergang der Götterwelt, nahmen ihren Anfang.

So schildert es der Seherin Weissagung. Doch danach schaut sie, wie eine neue Erde und ein reiner Himmel aus den Fluten ersteht. Viele der alten Götter sind untergegangen, doch zwei kehren verjüngt aus dem Reich der Hel wieder und regieren gemeinsam die Welt: Balder und sein nun nicht mehr blinder Bruder Höder[31].

Bei diesem „größten Unglück, das jemals über Menschen und Götter gekommen ist", verschlägt es selbst den Göttern die Sprache, so sehr trauern sie. Es sind menschliche Reaktionen, die sie zeigen, sie wirken ehrlich und gefühlsstark: wortlose Trauer, Weinen, ohnmächtige Wut und Drang zur Rache, aber auch der Wunsch, Balders Tod rückgängig zu machen und die Totengöttin Hel zu bestechen. Was ist es, das solche ungeheure Betroffenheit auslöst?

Als ich versuchte, mich in dies Geschehen hineinzudenken und einzufühlen, fiel mir eine Erfahrung ein, die einen ähnlichen Schock auslöste. Dieser Schrecken traf mich während meines ersten Besuchs in Griechenland, einer Reise, die ich schon seit meiner Kindheit innerlich vorbereitet hatte und intensiv erlebte. Das war Anfang April 1968, als noch die Militärjunta eine überall spürbare Angst und Lähmung verbreitete. Da schlenderten wir in der Mittagshitze müde über den Syntagma-Platz, und ich spähte einem Griechen über die Schulter, der vor mir herging und dabei Zeitung las. Mein Blick fiel auf ein großes Foto von Martin Luther King: Es zeigte ihn, wie er mit geschlossenen Augen zu Boden sank. Die griechische Überschrift brauchte ich nicht zu übersetzen, denn die Aussage des Fotos zu verstehen und in Schrecken zu erstarren waren eins: Er war ermordet worden.

Diesen existentiellen Schrecken, der mich und andere damals befiel, könnte ich heute so in Worte fassen: Hier war ein Mann, nach Gandhi der zweite, der mit seinem Leben und seinen Worten die Massen erreichte und viele davon überzeugte, daß Gewaltanwendung unsittlich ist, daß Gewalttäter sich selbst zerstören, daß der Teufelskreis der Rache nur durch gewaltfreien Widerstand und vergebende Liebe durchbrochen werden kann – und daß dies „die Sache Gottes" ist. Dieser Mann fiel nun dem zum Opfer, dem er am meisten die Stirn und das Herz geboten hatte: der Gewalt. Warum stellt Gott solche Menschen, die „seiner Sache" dienen, nicht unter seinen besonderen Schutz? Hat er Martin Luther King verlassen? Warum?

Als ich versuchte, dies Geschehen und meine Erschütterung zu „verarbeiten", kam ich zu dem Schluß, daß ich so wie viele andere diesen guten Menschen bewundert und idealisiert hatte. Ich hatte an ihn delegiert, was ich selbst hätte tun sollen: politisch aufzuwachen und zu versuchen, im Geist des gewaltfreien Widerstandes zu handeln. Überläßt man dies dem einen oder den wenigen und ist selbst indifferent oder nicht wachsam genug – im Mythos zu sprechen: blind wie Höder –, dann erobern sich die Gegenkräfte den freien Raum und machen Beute. Hohe, zu hohe Ideale machen leicht blind für die Realität, die eigene, die des Idealisierten und die der Gegenkräfte.

So oder ähnlich, vermute ich, verhält es sich mit der lichten, freundlichen, unschuldigen, schönen Gestalt des Balder. Vor seiner Ermordung sprach King von seinem Traum, seiner Vision, seinem „Wahrtraum" einer Welt ohne Rassenschranken und im Geist brüderlicher Verbundenheit.

So ähnlich stelle ich mir Balders Rolle als der Liebling der Götter vor: Er lebte alles Helle, Schöne, Gute und Liebenswerte, und als ein solches Ideal brauchten ihn die Götter – wie sie auch Loki als den unsympathischen, gefährlichen Gegenspieler brauchten.

Es fällt auf, daß nicht so sehr Balder selbst, sondern der Kreis der Asen über Balders Träume in Unruhe und Bewegung geriet und in der Versammlung beratschlagte, was gegen das drohende Unheil zu tun sei. Entsprechend handelt nicht Balder selbst, sondern Odin macht sich auf den Weg und befragt die Seherin über Balders Zukunft. Dann er-greift Balders Mutter Frigg die Initiative und nimmt allen Wesen den Eid ab, Balder nicht zu schaden. Zuletzt handelt ein Bruder Balders und reitet zur Hel, ihn loszukaufen. Und wieder werden alle Wesen auf Erden bewogen, für den Lichtgott einzustehen und um ihn zu weinen: die Tränen der ganzen Welt als Lösegeld für den einen!

Dieser eine Unersetzliche handelt also nie für sich selbst und kann es offensichtlich auch nicht – menschlich betrachtet. Die ihn lieben und brau-chen, müssen für ihn eintreten und kämpfen.

Wie ein allzu „sonniges" Ideal zerstörerisch wirken kann

Der Erzähler der Edda zeichnet von Balder ein ideales Bild: der Beste und Schönste, den alle loben. In dem weißen Leuchten, das von ihm ausgeht, ist kein Schatten. Auch sein Wesen entspricht seinem Aussehen, Klugheit und Beredsamkeit zeichnen ihn aus. Diese Sonne in menschlicher Gestalt ist wie Apollon ein gerechter Richter, der die Streitenden versöhnt. Nur eines ist seltsam, daß seine Urteils-sprüche nicht von Dauer sind. Sein Wille und Wort ver-wirklichen sich nicht, sondern lösen sich auf in Nichts. Es ist, als gehöre er nicht in diese Welt der Polaritäten und Widersprüche. Im Götterhimmel Asgard wird wie auf Erden gestritten und gekämpft, rivalisiert, begehrt, getrauert, verraten, gerächt und gelogen, alle heftigen Leidenschaften werden hier gelebt, und zwar in Riesenausmaßen. Diese Götter riskieren auch ein eigenwilliges Aussehen und manche Absonderlichkeiten, vergöttern aber Balder als ein Ideal der reinen Schönheit. Das muß einem unheimlich werden, denn aus Erfahrung wissen wir, daß bei so viel Licht auch der Schatten viel Platz verlangt.

Die Götter verfahren mit ihrem Liebling ähnlich einem Menschen, der sein erstrebtes hohes Idealbild von sich selbst nicht erreichen kann und dessen Selbstwertgefühl dadurch bedroht wird. Leider ist er nicht so untadelig und edel, wie er sein möchte, und statt seine falschen Vorstellungen zu korrigieren, ist er narzißtisch gekränkt. Mit einem sehr beliebten Trick kann er mit seiner Kränkung fertig werden, wenn er seine Ideale in einem Gegenüber sehen und an ihm alles lieben und verehren kann, was er selbst einmal war, gerne geworden wäre oder werden wollte. Der idealisierte Geliebte soll also ausgleichen, was dem eigenen Ich fehlt. Nun kann man den anderen großartig finden und bekommt auch selbst noch etwas von dessen Glanz ab. Die Verliebtheit gibt einem also in diesem Fall zurück, was man verloren hatte: die narzißtische Vollkommenheit.

Da sich diese Idealisierungen dem Auf und Ab des Lebensflusses widersetzen und auch ihrerseits wieder idealisierend ummäntelt werden (nach dem Motto: „Ich liebe die Liebe ...“), bekommen sie etwas Starres, Genormtes, werden zu einem Elfenbeinturm. Das „Ideal atmet nicht, schläft nicht, entwickelt sich nicht.“[32] Balder muß in seinem Elfenbeinturm bleiben, sonst wankt das innere Gleichgewicht des Götterhimmels.

Doch geschieht meistens etwas, das dieses Idealbild ins Wanken bringt, es im wörtlichen Sinn enttäuscht. Die Träume wissen oft etwas davon und zeigen schonungslos, was hinter der idealen Maske steckt, sie entlarven die Täuschung: Balder hat „schlechte" Träume. Das löst Angst aus und den Drang, die unsichere Zukunft zu sichern und Balders Geschick fest in die Hand zu nehmen. Odin sucht also Gewißheit bei der Seherin, und Frigg will vorbeugen, indem sie allen Wesen den Eid abnimmt, Balder nicht zu schaden. Es ist also nicht Balder selbst, der handelt oder sich selbst prüft und in die eigene Tiefe geht, sondern die, die ihn brauchen, handeln für ihn.

Doch der Prozeß der Entlarvung geht weiter. Jetzt zeigen die Götter, welche Destruktivität in ihnen steckt, oder wie aggressiv ein solcher Idealtyp von Schönheit und Güte wie Balder die anderen weniger Schönen macht. Die Götter spielen mit dem Feuer und machen sich einen sportlichen Spaß daraus, Balders Unverwundbarkeit zu testen. Sie greifen ihn mit allen möglichen Waffen an, spielen ihre Angriffs-lust voll aus – als hätten sie diese lange aufgestaut und nun endlich ein scheinbar harmloses Ventil ge-funden, Balder zu attackieren.

Loki, den wirklich Gefährlichen, hatten sie aus ihrem Blickwinkel verdrängt. Er durchschaut mit der Intelligenz des Bösen dies Aggressionsspiel, er traut dem Frieden nicht, den angeblich alle Wesen Balder geschworen haben. Es ist ja auch ein Zwangs-frieden. Er findet also die Lücke im System, die harmlose Mistel, die von Frigg nicht ernst genom-men wurde. Er verleitet zudem die fürsorgliche Mut-ter Frigg zum unbewußten Verrat an ihrem Liebling, indem er in der Maske eines (harmlosen) alten Wei-bes Frigg aushorcht. Schließlich findet er in dem blinden Höder sein Werkzeug, einem wohl auch psychisch Blinden, der sich die Hände in Unschuld waschen kann, da er ja nichts sieht und von nichts zu wissen braucht.

Das Ideal Balder hält uns auch heute ständig in Trab, wenn auch in etwas banalerer Form. Es belastet unsere Zeit und den Geldbeutel und beschäftigt mehrere Industriezweige. Vom Ideal der Schönheit und Jugendlichkeit, vom schönen Schein leben die Design-, Mode- und Kosmetikbranchen: Sie versprechen die „makellos reine" schöne Haut, die „tadellose" Figur, die perfekte Aufmachung. Diese Idealvorstellung, die kaum jemand hinterfragt, macht uns meistens blind für die Wirklichkeit hinter der Fassade, der eigenen und der fremden. An dieser Idealvorstellung werden Frauen oft gemessen – und sie messen sich selbst daran. Der „tadellose", weil erfolgreiche Mann ist eine andere Facette eines heute verbreiteten Ideals. Doch die Realität besteht aus den vielen Nicht-Schönen, Nicht-Reichen, Nicht-Tadellosen, weil die Vielfalt des Lebens eben nicht normierbar ist.

Doch warum macht die Schönheit Balders so aggressiv? Die weniger Schönen fühlen sich offenbar von Balders Unverletzlichkeit bedroht, sie scheint selbst etwas Aggressives zu haben. Das Nibelungenlied, aus germanischen Quellen gespeist, gibt dazu ein treffendes Beispiel. Es erzählt vom Ideal des unbesiegbaren, starken Siegfried, einem Urbild des traditionellen Helden, der wie Balder fast unverletzlich ist. Er provoziert den Haß Hagens von Tronje, denn Siegfrieds Unverletzlichkeit und Draufgängergebaren stellt eine Bedrohung all der anderen dar, die verwundbar und besiegbar sind. Hagen tötet den Helden Siegfried – er spielt die Rolle Lokis, des Listigen, und findet die schwache Stelle heraus, die „Lücke im System".

So können wir also in den Mythen um Balder menschliche Verhaltensweisen und Motive gespiegelt sehen. Wenn die großen Darsteller sie spielen, können wir sie vielleicht schärfer erkennen und in unseren irdischen Verhältnissen wiederfinden.

Das kostbare Licht hüten

Aus einem anderen Blickwinkel betrachtet, spiegelt die Erzählung von Balders Tod ein umfassenderes kosmisches Geschehen, das auf unser Leben einwirkt: die Gefährdung dessen, was uns so selbstverständlich alle Tage zur Verfügung steht – des Lichtes.

Vor einiger Zeit – es war im Dezember – hatte ich Gelegenheit, mit Menschen zu sprechen, die in der Zone des nördlichen Polarkreises leben, also in Nordnorwegen und Nordfinnland. Einer von ihnen meinte, er wisse selbst nicht, wie man solche extremen Bedingungen aushalten könne, die dem menschlichen Tag- und Nachtrhythmus so sehr zuwiderlaufen: eine Dauer-Nacht oder -Dämmerung von etwa sechs Monaten und im Sommer einen ebenso langen Dauer-Tag! Und dennoch habe er sich entschieden, dort zu leben und zu arbeiten, denn das Faszinierende für ihn seien die Lichtspiele am dunklen Himmel (Polarlichter) und die intensive Wahrnehmung des Wetters. Eine Frau aus Nordnorwegen brach am Ende der Tagung in Tränen aus: Sie wolle nicht wieder zurück nach Tromsö, denn bei ihnen gehe die Sonne erst wieder am 21. April auf!

Wieder andere, die dort geboren waren, lösten das Erdrückende und Bedrohliche in menschliche Wärme auf: Die eher verschlossenen Südnorweger hätten sie als „die Italiener des Nordens" bezeichnet, weil sie kommunikativ und für menschliche Kontakte offen seien und gerne zusammenhockten. Beides finden wir auch in den Baldergeschichten wieder: Die Verdüsterung und Verzweiflung über die Sonnenferne – Balders Tod – erzeugt ein enges Zusammenrücken der Götter.

Viele Bewohner der nördlichen Gebiete Kanadas, der Sowjetunion und Europas leiden an der sogenannten „Winterkrankheit" mit typischen Symptomen wie Depression, Lethargie, Antriebsschwäche, Müdigkeit, Schlaf- und Appetitlosigkeit oder an Eßsucht als „einzigem Vergnügen". Der isländische Psychiater Andres Magnusson erforschte diese „Winterkrankheit", die ja eigentlich keine Krankheit, sondern eine Rhythmusstörung ist. Er fand heraus, daß vor allem der Mangel an Licht diese krankhaften Störungen verursacht. Jeder Mensch, ja alle lebenden Organismen brauchen ein bestimmtes, ihnen angemessenes Quantum an Licht, um sich gesund zu fühlen und um der eigenen Art entsprechend leben zu können. Licht ist das wirksame „Vitamin L", um es salopp auszudrücken. Nach Magnussons Untersuchungen erreichen es mehrere Stunden hellen Lichtes pro Tag, daß binnen kurzem die Symptome der Winterkrankheit verschwinden – immerhin bei 80 Prozent der Menschen, in deren Wohnungen Dr. Magnusson helle Lampen von etwa 2000 Lux installieren ließ[33]. Sicher ist es auch ein angeborener Rhythmus unserer Drüsen- und Organtätigkeit, der von einem äußeren Rhythmus von Hell und Dunkel, Tag und Nacht abhängig ist (vgl. den sogenannten „Jet-lag" nach Transatlantikflügen, der teils ähnliche Störungen wie die „Winterkrankheit" hervorruft).

Doch ist nicht nur der hohe Norden von der zunehmenden Dunkelheit betroffen, sie ist auch in unseren Breiten deutlich spürbar. Wenn sich das Sonnenjahr seinem Ende zuneigt, geht die Sonne erst spät am Morgen gegen 8.30 Uhr auf und verschwindet schon wieder am Nachmittag gegen 16.00 Uhr. Wie mögen die Menschen, die vor vielen Jahrhunderten in diesen und den nördlichen Breiten gelebt haben und kein künstliches Licht kannten – eben diese, die von Balder erzählen –, damit fertig geworden sein? Die einzigen Lichtquellen waren Fackeln und die Feuerstelle, in klaren Nächten der Mond und das Nordlicht.

Balders Bedrohung zieht sich über einen längeren Zeitraum hin wie das Abnehmen des Sonnenlichtes. Anfang und Ende dieser Bedrohung Balders sind auch im Verlauf des Sonnenjahres eindeutig festzumachen. Sie beginnt mit den Tagen der Sommersonnenwende um den 21. Juni und endet mit Balders Tod und Verbrennung zur Wintersonnenwende, also um den 22. Dezember. Bis heute haben die alten Sonnenfeste überlebt, wenigstens einige ihrer Rituale. Noch heute wird in bäuerlichen Gegenden am St. Johannistag (21. Juni) oder in der darauf folgenden Nacht das Johannis- oder Sonnenwendfeuer entzündet. Der riesige Holzstoß, den das ganze Dorf gemeinsam errichtet und in der Nacht feierlich entzündet, erinnert an Balders Scheiterhaufen und heißt in manchen Gegenden sogar noch so. Doch ebenso wahrscheinlich scheint es mir, daß die Menschen der Sonne noch einmal einen feurigen Gruß zusenden wollen und eine Einladung, wiederzukommen, ehe sich ihr Spiralweg einrollt und sie immer mehr verschwindet. Johannisfeuer werden meist auf Bergen entzündet und leuchten weit in das Land wie eine Botschaft des Dankes und Grußes.

Ganz anders die Licht- und Feuerrituale der dunklen Jahreszeit um die Wintersonnenwende, in der wir die Advents- und Weihnachtszeit begehen. Bei diesen Ritualen wird das Licht im Innenraum entzündet: im Haus, in der Kirche, am häuslichen Herd. Uns allen ist das Ritual geläufig, in dieser Zeit Kerzen zu entzünden und uns an der Leuchtkraft dieses so bescheidenen Feuers zu erfreuen. In den skandinavischen Ländern gibt oder gab es ein schönes altes Ritual an Heiligabend oder zur Sonnenwende: Zuunterst in den Herd wird ein Klotz aus Eichenholz gelegt, das Jul-Holz. Dort bleibt es und glimmt bis zum nächsten Heiligabend. Dann wird es herausgenommen,und an der letzten Glut wird das nächste Jul-Holz entzündet. Es dient als Garant des Schutzes und des häuslichen Wohlergehens für das kommende Sonnenjahr[34]. Solche Feuerrituale der dunklen Zeit gibt es seit Menschengedenken. Sie sind eine anschauliche Form, das „ewige Feuer", die Sonne, um ihre Wiederkehr zu bitten und sie in einer Art von Analogie-Zauber zu beschwören.

Unsere heutige Form, das wiedergeborene Licht zu feiern, schließt ebenfalls an sehr alte Menschheitsgedanken an: Das Licht erscheint als das göttliche Kind, das aus der Erdmutter in der dunklen Höhle geboren wird, gezeugt vom himmlischen König des Lichtes. Dies Kind ist zwar gefährdet von finsteren Mächten, aber Tag um Tag wächst seine

Kraft, bis es der ganzen Welt leuchtet. Wir nennen dies Lichtkind Christus, andere Kulturen nannten es Horus, Mithras oder Apollon. Auch unser Mythos von Balder erwähnt das neugeborene Kind: Es ist Vali, ein Sohn Odins, der erst „eine Nacht alt" ist, als er kommt, um den Tod Balders zu rächen und so die Gerechtigkeit wiederherzustellen. Er übernimmt also eine der Funktionen Balders, des Sonnengottes, der für Gerechtigkeit „unter der Sonne" eintritt.

Das verlorene Gleichgewicht

Der Mythos von Balders Tod zeichnet ein düsteres Bild: Licht und Dunkel sind so aus dem Gleichgewicht geraten, daß das Licht sterben muß und keine Rettung mehr möglich ist. Mythen sind ja auch Projektionen einer geschichtlichen Wirklichkeit früher Zeiten. Welche geschichtliche Erfahrung hinter dem Lichttod und der folgenden Katastrophe, die im Mythos „Ragnarök" („Götterdämmerung") und „Muspilli" („Weltenbrand") genannt wird, stehen mag, kann ich nur vermuten. Mir scheint sehr wahrscheinlich, daß diese Katastrophe zu Ende des 3. Jahrtausends v. Chr. von einem Kometen wie Halley verursacht wurde, der in die Atmosphäre eindrang und mit den brennenden Gasen seiner Koma (Schweif) weltweite Brände und Vernichtung des Lebens anrichtete. Denn weltweit sind die Berichte von einer solchen Katastrophe überliefert und fast mit denselben Bildern, so von den Ägyptern unter Ramses III., aus Ugarit, aus China, Platon und der römische Geschichtsschreiber Plinius kennen ältere Berichte. Und der griechische Mythos kennt, wie wir sahen, diese Brand- und Dürrekatastrophe auch: Der Himmelskörper heißt dort Phaëthon und gilt als Sohn des Helios. Im germanischen Mythos wird erzählt, daß nach Balders Tod ein Feuerriese namens Surtur von Süden erschien „mit flammendem Schwert" (ein treffendes Bild für den Kometenschweif!). „Schwarz wird die Sonne (von den Brandwolken), die Erde sinkt ins Meer (Erd- und Seebeben?), vom Himmel schwinden die heiteren Sterne, Glutwirbel umwühlen den allnährenden Weltbaum, die heiße Lohe beleckt den Himmel."[35] Die Schwertform und die Glutwirbel finden sich übereinstimmend in mehreren Berichten verschiedener Herkunft[36].

Die Folgen dieser Katastrophe waren ein Klimasturz besonders in Nordeuropa, der Niedergang des kulturellen Lebens, vielfacher Tod durch Hunger, die Auswanderung vieler Stämme aus dem Norden auf der Suche nach einer neuen Heimat, zum Beispiel in das Gebiet des heutigen Griechenland, nach Kreta und Kleinasien.

Vor einem solchen Hintergrund ist der tiefe Pessimismus, sind die Untergangserinnerungen gut nachzuvollziehen, wie es die germanischen Erzähler und Barden überliefern. Wir haben keinen Grund, ihrem guten Erinnerungsvermögen zu mißtrauen, denn das gehörte zur Berufsehre, daß ein Sänger die Überlieferung bewahrte und sie getreu weitergab.

Doch möchte ich es bei dieser geschichtlichen Deutung nicht belassen. Das würde dem Mythos nicht gerecht, der immer auch eine seelische Wirklichkeit voraussetzt und sie spiegelt. So frage ich noch einmal danach, was so gründlich aus dem Gleichgewicht geriet, daß der Lichtgott Balder sterben mußte. Apollon zum Beispiel mußte ja nicht sterben!

Am Ende ihrer Weissagungen verkündet die Seherin einen neuen Himmel und eine neue Erde, einen Neubeginn aus dem Chaos. Zwei Götter sieht sie miteinander die Regierung teilen: die wiedererstandenen Brüder Balder und Höder. So muß der Grund zu Balders Untergang darin liegen, daß sie miteinander „zerfallen" waren, der eine mit dem anderen nichts mehr zu tun hatte. Wie einseitig hell und unwirklich Balder als das angehimmelte Ideal erschien, haben wir bereits bedacht. Alles Böse, Unvollkommene, Dunkle scheint von ihm abgespalten. Diese Seite vertritt einseitig Höder und natürlich auch Loki als die auslösende Kraft: Höder ist böse, denn er tötet den Bruder; er ist blind, also unvollkommen, und lebt im Dunkel – nicht im Palast „Weites Glänzen"! Ebenso will Balder nur Gutes, Loki aber hat nur Böses, Untergang und Verrat im Sinn. Entsprechend hat Balder zu seiner dunklen Seite, zum Beispiel zu seinen bedrohlichen Träumen, keinen Zugang und läßt die anderen für sich handeln. Auch Höder sieht nichts. Balder steht im Zentrum des Interesses, Höder ausdrücklich am Rande. Beide sind passiv und daher leicht zum Opfer zu machen. Gemeinsam aber wären sie sicher stark, Hell und Dunkel wären im Gleichgewicht, einer könnte den anderen mit seinen Möglichkeiten unterstützen. Ein entscheidender Hinweis ist die Tatsache, daß Balders Wort, sein Götterspruch, nicht von Dauer ist. Ihm fehlt die Kraft, Wirkungen zu erzielen. Diese Kraft – allerdings in dunkler Gestalt als „schwarze Magie" – besitzt aber Loki und kann Balder damit stürzen.

Der Mistelzweig

Loki und das „magische Werkzeug"

Schwer zu durchschauen ist das Wesen des zwielichtigen Loki. Er gilt als Odins Blutsbruder und enger Vertrauter, hilft den Göttern mit seinen Zauberkünsten und weiß oft das „Know-how", wenn sie in Gefahr geraten. Andererseits ist er es, der den Untergang der Götter und Menschen betreibt und schließlich ganz mit der Gestalt des luziferischen Widersachers verschmilzt. Gewiß sind in der Edda christliche Einflüsse zu sehen, wenn Loki das Heer der Feinde zur letzten vernichtenden Schlacht gegen die Götterwelt anführt und sein Sohn, der Fenrir-Wolf, Odin verschlingt. Aber man kann von diesen späten Einflüssen doch Lokis ursprüngliches Wesen unterscheiden. Sein Name ist lautverwandt mit der „Lohe", dem lodernden, ungezähmten Feuer. Er verkörpert dessen schöpferische, aber auch dämonische und vernichtende Kraft. Wie die Lohe ist er beweglich und verwandlungsfähig und kann schnell die Gestalt wechseln. Er erinnert an die Gestalt des „Tricksters" in der indianischen Mythologie, der ähnlich wie Goethes Mephisto stets „das Böse will und stets das Gute schafft". Beide Wörter, die Lohe und Loki, leiten sich her von der indogermanischen Wurzel LE(U)K im Sinne von „Licht", „Tag". Es ist sehr interessant, daß nahezu alle Ableitungen dieser Ursilbe eine Facette zu Lokis Wesen beitragen: Loki sieht alles (englisch to look, deutsch „Licht des Tages"), er beherrscht das Wort, das Rechnen und Berechnen (griechisch logos und logizomai – rechnen, überlegen). Seine überlegene Intelligenz und Kunst der Entlarvung stellt sich schließlich in den Dienst der schwarzen Magie, des Schadenzaubers, mit dem er gnadenlos alle hereinlegt. Sein Feuer ist kalt. Wie Balder das unerreichbare, lichte Idealbild verkörpert, das wegen seiner Einseitigkeit aber Destruktivität auslöst, so verkörpert Loki den unliebsamen, überlegenen Mitwisser und gehaßten Schatten, der sich die aggressive Energie der Götter zunutze macht und alles Negative „an den Tag bringt". (Die Edda enthält ein Gedicht mit dem Titel „Lokasenna" – „Lokis Schmähreden", in denen er alle Fehltritte der Götter und Göttinnen triumphierend vor versammelter Mannschaft zum Besten gibt.) Positiv gesehen äußert sich in Loki ein kritischer Verstand, der auch vor den Herrschenden nicht halt macht und ihre Untaten ausspricht. Eine solche Funktion des Gegenspielers, der „stets das Gute schafft", auch wenn er Böses wirkt, kann ein ausgleichendes Prinzip darstellen und für die innere Lebendigkeit einer Religion sorgen. Dem Christentum ist diese „gute" Art Gegenspieler leider abhanden gekommen: Der Teufel wurde zum Widergöttlichen schlechthin und völlig in den Schattenbereich abgespalten.

Mit Loki verhält es sich wie mit einem Heilmittel oder einer Arzneipflanze nach dem Motto: „Was schadet, kann auch heilen" – oder: „Was heilt, kann auch schaden." Auf die Dosierung kommt es an und auf die Integrität dessen, der mit diesem Mittel umgeht. Loki benutzte die Mistel, eine anerkannte Heil-

pflanze, nicht zur Heilung, sondern zum Schaden –
wie auch er selbst ein Schädling ist, der in guter
Dosierung aber die wichtige Funktion des System-
kritikers hätte ausfüllen können.

Botanisch gesehen ist die Mistel eine hochinteressante Pflanze. Sie wächst als kugelförmiger Busch
ohne Erdberührung auf den Ästen und Zweigen von
Weichholzbäumen, vor allem von Pappeln, Obstbäu-
men und Nadelhölzern, seltener von Eichen. Statt
Wurzeln hat sie Senker, die sie in die Wasserbahnen
ihres Wirtsbaumes treibt. Sie gilt deshalb als Halb-
schmarotzer. Ihr Stamm ist holzig und gegabelt; sie
hat lederartige, lanzenförmige Blätter, die einander
paarweise gegenüberstehen. Sie trägt auch im Winter grünes Laub, das im Sommer eine goldene Tö-
nung annimmt. In den Zweiggabelungen wachsen
die kleinen Blüten, die sich später zu klebrigen weißen Beeren entwickeln. Ein einzelner Mistelzweig
hat eine kreuzartige Form – wie die eines Menschen
mit ausgebreiteten Armen. Interessant ist die Fort-
pflanzung der Mistel. Sie keimt ohne Erde und Wasser, nur durch die Mitwirkung der Vögel, die die Sa-
men durch ihr Schnabelwetzen oder mit dem Vogel-
mist (Mistel!) weitertragen. Sie ist also eine außer-
ordentlich eigenwillige Pflanze, die alles anders
macht, als es unter Pflanzen üblich ist. Eine weitere
Besonderheit: Sie gehört wie der Tabak zu den wenigen Lichtkeimern, also den Pflanzen, die nicht
durch Dunkelheit (Erde!), sondern mit Licht zum
Keimen angeregt werden. Das hat sie in ihrer lufti-
gen Höhe in Hülle und Fülle.

Auf innige Weise ist so die Mistel mit dem Licht
verbunden und von der Erde mit ihren Gesetzmä-
ßigkeiten unabhängig. Als Lichtpflanze ist sie dem

Apollon heilig – und tötet den dem Apollon naheste-
henden Balder. Der Winter ist ihre Zeit. Dann weilt
Apollon dort, wo die Mistel wächst: in seiner nördlichen Heimat. Wenn alle Bäume ihr Laub verloren
haben, leuchtet der dunkelgrüne, kugelrunde Mistelbusch oben im Geäst, blüht und entwickelt seine
lichtweißen Früchte. Nicht nur die runde Form der
Sonne ahmt der runde Mistelbusch nach, nicht nur
ihre Lichtfarbe Weiß, sondern auch ihren Rhythmus, denn um die Wintersonnenwende, wenn das
Licht neu geboren wird, trägt auch die Mistel Früchte. Sie kann als der wahre „Weihnachtsbaum" gelten. In England bestand und besteht der Brauch,
den Mistelbusch zu Weihnachten im Zimmer oder
über der Türschwelle aufzuhängen. Ein Mädchen,
das von einem Mann unter dem Mistelbusch ange-
troffen wird, bekommt einen Kuß, denn Glück und
Fruchtbarkeit soll die Mistel ins Haus bringen. In
Wales soll es noch heute ein Sprichwort geben: „No
mistletoe, no luck."

Nicht nur Glück und Heil soll die Mistel bringen,
sondern sie kann auch heilen. Sie wird zur Mittwin-
terzeit geerntet. Die Substanzen der Mistel gelten als
Allheilmittel bei den alten Kräuterärzten und -frau-
en und werden noch heute geschätzt als Mittel gegen
innere Blutungen, epileptische Anfälle, gegen zu hohen Blutdruck und Herz- und Kreislaufbeschwer-
den. Da sie gefäßerweiternd wirken, dienen Mistelpräparate zur Vorbeugung gegen Schlaganfälle und
zur Behandlung von Beschwerden der Wechseljahre.

Besonders in der anthroposophischen Medizin
werden Mistelpräparate zur Vorbeugung und bei der
Behandlung von Krebs sehr geschätzt. Eigensinnig,
wie die Mistel ist, kann sie im homöopathischen

Sinn auf eigensinnige Prozesse im Menschen wirken, bei denen sich einzelne Zellverbände aus dem Zusammenspiel des ganzen Organismus lösen und zu Krebsgeschwülsten entgleisen. Den krebsverhütenden Eigenschaften der Mistel kam man wohl durch Beobachtung auf die Spur: als man sah, daß ihre Wirtsbäume niemals von Krebswucherungen befallen werden. Daher vermag sie auch menschliche Behausungen vor schädigenden Strahlungen zu schützen. Diese Beobachtung ist sehr alt und wird immer wieder von Heilkundigen bestätigt.

Natürlich regt eine solche außergewöhnliche Pflanze die Phantasie an, wie ihre volkstümlichen Namen beweisen: Albranken, Donnerbesen, Drudenfuß, Heiligkreuzholz, Hexenbesen, Hexenkrut – und Schwellenkraut. Diese Namen beweisen, daß die Kräuterfrauen und Heilkundigen der ländlichen Bevölkerung, die Hexen, um die Heilwirkung der Mistel gewußt haben. In ihren Häusern konnte man gewiß oft den Mistelbusch hängen sehen. Und schon hatte man den rechten Abwehrzauber gegen die „fliegenden Frauen der Nacht", die Druden oder Truden oder Alben! Man hängte die Mistel oft als Abwehrzauber über die Schwelle des Hauses oder unter das Dach. Das Heilwissen der weisen Frauen stammte aus alter „heidnischer" Zeit und wurde in der kirchlichen Propaganda im selben Atemzug verteufelt und diffamiert wie die weisen Frauen selbst, die zu Hexen, also „Schädlingen", erklärt wurden.

Die alten Namen „Heiligkreuzholz" und „Schwellenkraut" können zu noch tieferen Einsichten führen, was den Gebrauch der Mistel zur Heilung und den Mißbrauch durch Loki anbelangt. So wissen wir aus römischen Quellen, daß die Mistel bei den Kel-

ten und ihren Priestern und Heilkundigen, den Drui-
den, also in germanischer Nachbarschaft, als eine
hochheilige Pflanze galt. Sie wurde in einem feierli-
chen Ritual am sechsten Tag nach Neumond, wahrscheinlich im Dezember oder Juni, geholt. Ein weiß-
gekleideter Priester bestieg den Baum und schnitt
die Mistel mit einer goldenen Sichel. Das Opfer
zweier weißer Stiere, eine Mahlzeit und Gebete begleiteten dies Ritual. Die Mistel hieß bei den Kelten
„die Alles-Heilende" und wirkte gegen „alle Gifte im
Körper", gegen Unfruchtbarkeit und Krämpfe, zum
Beispiel gegen die Fallsucht oder Epilepsie (Plinius).
Bei diesem keltischen Ritual fällt wieder auf, wie
sehr die Mistel mit der Lichtsymbolik verbunden ist:
Die goldene Sichel weist auf das Sonnengold, das
Weiß auf das Licht und seine Reinheit, der sechste
Tag nach Neumond auf Apollons monatlichen Feier-
tag, den siebten Tag nach Neumond. Auch die wach-
sende Lichtgestalt des Mondes galt schon immer als
heilig und heilend für Leib und Seele[37].

Wenn die Sonne „in ihrer größten Macht" steht –
am längsten Tag des Jahres und nach der längsten
Nacht, in der sie neu geboren wird –, verleiht sie der
Mistel hoch oben in der lichtdurchfluteten Baum-
krone ihre heiligen und heilenden Eigenschaften.
Gerade in der lichtarmen Zeit, wenn Krankheiten
die Menschen schwächen, immunisiert sie und
stärkt den Blutkreislauf und das Herz, das Sonnen-
Organ. Selbst im Sommer bleibt die Mistel
der Sonne verbunden: Zwar trägt sie dann keine
Blüten und Beeren, aber das Wintergrün ihrer
Blätter hat sich in ein leuchtendes Sonnengelb ver-
wandelt.

Die Mistel wäre also für Balder ein ideales Heilmit-

tel gewesen, gerade in der Zeit der düsteren Träume.
Doch Balder verstand sie nicht zu nutzen. Statt dessen nutzte Loki sie, Balder zur Hel zu schicken. Die Mistel, das Schwellenkraut, das Heiligkreuzholz –
sie verdient diese Namen zu Recht.

Die Einweihung des Aeneas

„Was schadet, kann auch heilen": Dem Balder hat die Mistel geschadet, den Aeneas hat sie beschützt. Wie wir von Vergil, dem römischen Dichter des 1. Jahrhunderts n. Chr. erfahren, entschloß sich Aeneas in einer gefahrvollen Schwellensituation seines Lebens, die Sibylle von Cumae aufzusuchen. Sie diente im Heiligtum des Apoll nahe Neapel als Seherin. Mit ihrer Hilfe wollte Aeneas in die Unterwelt schreiten, durch das Tor, das sie als Türhüterin bewachte. Nach guter schamanischer Tradition entschloß er sich zu einer visionären Reise in die andere, unsichtbare Hälfte der Wirklichkeit, um Weisheit zu gewinnen und den Stimmen zu lauschen, die in der Welt der Geister und Toten zu ihm sprechen. Er war als Gründer der Stadt Rom ausersehen und wollte nicht nur seinem Tagesverstand folgen, seinen persönlichen Einsichten, sondern zugleich der überpersönlichen großen Vision. Bevor er diese erlangte, stand ihm Schweres bevor: der Blick in schuldhafte Verstrickungen der Vergangenheit, auf seine inneren Dämonen und Peiniger. Danach begegnete er dem Geist seines verstorbenen Vaters, der ihm die große Vision auf die vergangene und zukünftige Geschichte erschloß und deutete. Als ein Eingeweihter kehrte Aeneas danach in die sichtbare

Wirklichkeit zurück, ermutigt und gestärkt für seinen Auftrag.

Für diese innere Reise sucht er also vorher die Führerin, die Sibylle, auf, die sich in diesem Reich auskennt. Denn „leicht geht's hinab", aber heil zurückzukehren ins Tagesbewußtsein ist „ein gefährlich Werk", wie Vergil betont und jeder Schamane weiß. Allzu leicht verliert man seine Seele dabei. Die Sibylle weiß um den magischen Schlüssel, der das Reich der Todesherrin — Proserpinas, Persephones oder der Hel — aufschließt: den „Goldenen Zweig", das unvergängliche „heilige Reis", den Mistelzweig. Diesen soll sich Aeneas pflücken, ihn als Lebens- und Lichtzeichen mit sich tragen und der Unter-

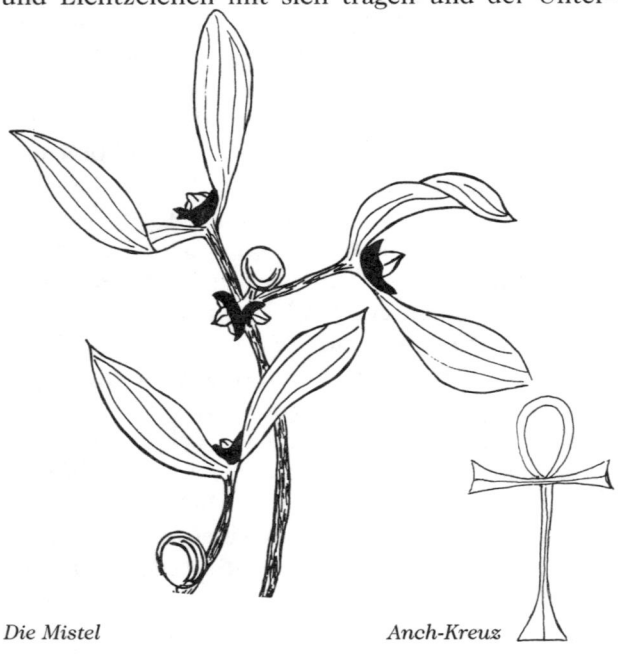

Die Mistel   *Anch-Kreuz*

weltsgöttin als Gabe opfern. (Während ich „Lebens-
Zeichen" niederschreibe, fällt mir die verblüffende
Ähnlichkeit des kreuzförmigen Mistelzweiges – des
Heiligkreuzholzes – mit dem ägyptischen heiligen
Lebenskreuz, dem Anch-Zeichen, auf – auch dies
ein Schlüssel für die Jenseitswelt und ein magischer
Schutz. Ein Zufall?)

Aeneas erfährt bei seiner Suche göttliche Führung
und kann als ein Berufener den Mistelzweig im hohen Geäst finden und pflücken: Er sieht ihn dort
goldgelb in seiner Sommerfarbe leuchten. Nun ist er
bereit, der Sibylle in die Schau der Tiefe zu folgen:
„Er aber, unverzagt, tritt in die Spur der Sibylle."[38]
Das Schwellenkraut erweist seine Kraft. Es bringt
nur den heil über die Schwelle zurück, der sich „unverzagt" mit klarem Entschluß der Jenseitsreise
stellt. Mit dieser Schwelle hat er auch seine Lebens-
krise oder -schwelle überwunden und kann in eine
neue Lebensphase neugestärkt eintreten[39].

Der Weg von Balder zu Aeneas ist so weit nicht,
wie es zunächst scheinen mag, zu ähnlich sind sich
ihre Geschichten in den wesentlichen Zügen. Dem
passiven, abhängigen Balder steht der „unverzagte",
durch Leiden und Schuld geläuterte Aeneas gegenüber. Auch Aeneas ist schön – ein Sohn der Lebens-
herrin wie Balder. Während sich Aeneas auf den
mühsamen Weg macht und selbst den „Goldenen
Zweig" sucht, läßt sich Balder auf das gefährliche
Spiel der Götter um sein Leben ein und fordert damit den findigen Loki heraus. Dieser pflückt für ihn
den „Goldenen Zweig", das Schwellenkraut, und be-
fördert Balder damit wider dessen Willen ins Reich
der Hel. In Lokis unwürdiger Hand wird das Lebens-
zeichen zum Todespfeil; es schadet, was sonst nützt.

Das Reich der „unteren Königin" wurde für Aeneas zum Ort der Einweihung und des gesteigerten Lebens – für Balder blieben die glänzenden Säle der Hel ein unwillkommener, fremder Ort, dem er ausgeliefert war.

So erkennen wir an Aeneas, was Balder hätte retten können: seine düsteren Träume zu durchdringen und unter kundiger Führung bewußt in die Abgründe der Seele einzutreten; die eigene Verantwortung wahrzunehmen für die schmerzende Welt der Schuld; den „Goldenen Zweig" selbst zu suchen als ein Zeichen göttlicher Führung und inneren Seelengeleits.

Zu diesen Erkenntnissen war die Mistel der Schlüssel. Sie ist offensichtlich ein starkes Kraut!

Wenn wir uns an die Mythen vom Lenker Helios, von Helia oder den ägyptischen Sonnengöttern erinnern, also an den Tages- und Nachtumlauf der Sonne, so wird jetzt deutlich, daß dieser Rhythmus von Hell und Dunkel auch in den Mythen vom Jahreslauf der Sonne wiederkehrt. Der Lichtgott Balder aus dem hohen Norden geht an dieser Polarität zugrunde, denn er scheint einseitig nur für die lichte Hälfte zuständig zu sein. Die dunkle Hälfte mit ihrer Herausforderung der Selbsthingabe kann er nicht einbeziehen. Willenlos fällt er dem dunklen Loki anheim, und wider Willen muß er Hels Herrschaft anerkennen. Seine Schwäche spiegelt eine weit verbreitete Haltung: mangelndes Vertrauen in die tiefe Weisheit der Seele, der eigenen wie der großen kollektiven und mythischen; und den Mangel an Sehnsucht, von dieser Welt beschenkt zu werden.

Die dunkle Zeit:
Einkehr in die Tiefe

Die dunkle Zeit am Ende des Sonnenjahres, besonders die zwölf Heiligen Nächte zwischen Heiligabend und Epiphanias, sind traditionell eine gute Zeit, in die tieferen Seelenräume zu steigen und von dort das Licht heraufzuholen.

Dans nos obscurités
allume le feu
qui ne s'éteint jamais.
In unsrer finstern Nacht
entzünde Du das Licht,
das niemals mehr erlischt.

Gesang aus Taizé

Doch dazu gehört auch eine gewisse Vorbereitung. Wenn wir die vorweihnachtliche Zeit, wie heute üblich, hektisch, geschäftig, laut, allzu gesellig und auf Äußerlichkeiten fixiert und im grellen künstlichen Licht verbringen, entlassen uns die Feiertage meistens leer und zutiefst unzufrieden.

Ich höre auch andere Stimmen. Als ich mit zwei Frauen meiner Frauengruppe die Feier der dunkelsten Nacht und der Geburt des Lichtes vorbereitete, äußerten sie ihre Sehnsucht nach Stille, Einkehr und nach Zeit, denn Zeit zu haben sei das kostbarste Geschenk, das wir einander und uns selbst geben können. Das Symbol der Höhle wurde uns lebendig als Ort der Zuflucht und Verborgenheit, der Sammlung, als Ort der Kraft. Auch als Ort einer inneren Neugeburt oder Regeneration. Es war bei unserer Vorbereitung gerade Vollmond, und so beschlossen wir unser Treffen schweigend bei einer gemeinsamen Meditation und einem Gebet für den Frieden. Nur der Mond und eine Kerze erleuchteten das dunkle Zimmer, unsere stille „Höhle", aber mir war, als sei dies doch das schönste, strahlendste Weihnachtsfest und unsere Stille erfüllt von den Klängen des Vertrauens und der Freude.

In solchen dunklen Tagen erfuhr ich noch einmal das Glück, daß mir ein Mensch von seiner intensiven Erfahrung der Einsamkeit und Tiefe erzählte – und von seinem „Goldenen Zweig", der ihn dabei begleitete. Diese Frau verbrachte einige Wochen in der dunklen Zeit allein auf einer Nordseeinsel – nicht gerade dem wirtlichsten Ort zu dieser Jahreszeit. Sie schrieb: „Hier kommen Gedanken aus der Tiefe wie sonst nirgends auf der Welt. Alles, was ich plante, ließ ich fallen, gab mich ganz der Sprache der Tiefe hin. Ich hielt die Gedanken fest, sie führten mich in eine ganz andere Richtung als ursprünglich gedacht. Ich konnte mich ganz anvertrauen und ohne eigenen Plan folgen." Sie sprach aus der Haltung der meditativen Empfänglichkeit und öffnete sich achtsam und voll Vertrauen für diesen Weg in die Tiefe, die Einsamkeit, die Dunkelheit – dies Vertrauen war ihr „Goldener Zweig". Das Lichtwunder ereignete sich wieder neu und völlig unerwartet. In der Tiefe der Seele, der dunklen Höhle, wurde das Licht geboren, das göttliche Kind, das ganz andere Wege weist, als wir vorher wissen und planen konn-

ten. Diese Höhle der Seele ist der wahrhaft empfäng-
liche Ort, wenn auch nicht immer wirtlich, heiter
und für den Verstand einsichtig. Doch können wir
die Sprache der Tiefe, diese leise Stimme, nur hören, wenn alles äußerliche Planen und Handeln zu-
rücktritt und wir zu uns selbst einkehren.

Der Lichtgott Apollon

Viele Kenner und Bewunderer der griechischen Kultur sehen in Apollon den „griechischsten der Götter" (W. F. Otto). Sie finden sein Wesen in der Schönheit und dem Ebenmaß griechischer Tempel oder Plastiken, in der geistigen Klarheit griechischen Philosophierens, im lichterfüllten Himmel über der griechischen Landschaft. Er gilt allgemein nicht als Sonnengottheit – für die Sonne steht den Griechen Helios, wie wir sahen. Apollon steht für das göttliche Licht, für Erhellung des Daseins, Reinheit und Übersicht.

Doch täuscht dies scheinbar eindeutige Bild. Apollon ist ein sehr traditionsreicher und komplizierter Gott, der viele Aspekte anderer Gottheiten, verschiedenster Kultorte und Zeiten in sich vereinigt. Er hat ein „einnehmendes Wesen", konnte sich Fremdes einverleiben und es integrieren. Damit verkörpert er die Eigenschaft des Lichtes, alles Sichtbare zu verbinden und so miteinander in ein Verhältnis zu bringen, daß unsere Augen und unser Geist es nachvollziehen können. So erkennen wir zum Beispiel die Farben nicht an sich, sondern vor allem in ihrem Verhältnis zueinander. Rot und Grün sind komplementäre Farben; gegenüber dem warmen Rot wirkt das Blau kühl. Vielgestaltig wie das Licht ist auch Apollon, wir können seine Spuren bis nach

Kreta, Kleinasien, Thrakien oder Italien verfolgen, ja bis ins ferne Land der Hyperboreer „jenseits des Nordwindes".

Vielfältig wie sein Wesen sind die Deutungen, die sein Name von der Antike an bis heute erfahren hat. Mit Balder verbindet Apollon eine Ableitung seines Namens von der Ursilbe BHEL-BHOL in der Bedeutung von „schwellen". A-poll-on und Bal-der hätten dann etwas mit den „Schwellkörpern" zu tun wie dem Ball, Ballon, Ballen, der Beule; auch mit altsächsisch bealloc (Hoden) oder griechisch phallos (Glied). Der Name wiese dann auf das schwellende, fruchtbare, zeugungskräftige Prinzip hin, das immer im Frühling wirksam wird und auf den Monat des Widders hinweist – eins der dem Apollon heiligen Tiere. Doch ebenso plausibel erscheint mir die Verbindung mit dem Sonnen-Ball und seinem wachsenden Licht.

Auf diese Bedeutung weist ein alter kultischer Brauch, ein Spiel, das wohl die meisten von uns in ahnungsloser kindlicher Freude betrieben haben: das Ballspiel im Frühling. Da wird der Ball nicht getreten, sondern geworfen und darf nicht den Boden berühren, er muß gefangen werden. Wer ihn fallen läßt, scheidet aus. Dies Ballspiel im Frühling hat überall auf der Welt rituellen Charakter, von unseren Breiten bis nach Mexiko. Besonders wenn der Ball von Ost nach West geschlagen wird, ist die Beziehung zum Sonnenball deutlich, der wieder neu und kraftvoll im Osten aufsteigt. Ähnlich das Ballspiel um die Wintersonnenwende, das die Kraft der Sonne unterstützen soll: So spielten noch im vorigen Jahrhundert die Geistlichen von Poitiers mit ihren Gemeindemitgliedern in der Kirche Ball, wenn die Weihnachtszeit kam! Eine anschauliche Art der Predigt!

Die zweite indogermanische Wurzel, von der die Namen Apollons und Balders abgeleitet werden können, ist genauso einleuchtend: von der Silbe BHEL in der Bedeutung von „weiß", „glänzend". Das paßt sehr gut zu Balders und Apollons lichter, glänzender Erscheinung. Von dieser Wurzel leiten sich unter anderem folgende Wörter ab: slawisch beli, „weiß", lateinisch bellus, „schön", Apollons keltischer Beiname „Belenus", „der Leuchtende", oder der Beiname der keltischen Artemis „Belisama", auch das keltische Feuerfest Anfang Mai, das Beltene. Diese Ableitung wirkt besonders plausibel, denn die griechischen Beinamen Apollons lauten Phoibos oder Hagnos – „der Reine". Dazu gehört auch der weiße heilige Vogel, der Schwan, der ja beiden Lichtgöttern zugehört. Er begleitet den Kult und die Epiphanien beider Götter. Neben diesem lichten Himmelsvogel mit der Glockenstimme – dem Singschwan – wird Apollon auch vom Delphin begleitet, dem musikalischen, klugen Tier, das einst in großen Herden das Mittelmeer bevölkerte. In ihn konnte sich der Gott verwandeln. Doch auch ganz andere, eher nächtlich-unheimliche Tiere begleiten Apollon: der Wolf und der Rabe. Sie verbinden den Gott mit dem instinktiven Wissen und der visionären Begabung.

Zunächst interessiert mich Apollons strahlende Lichtgestalt, wie sie im Frühlicht am Morgen und im neu erwachenden Frühlingslicht erscheint und uns Menschen immer wieder Lebenskraft und Hoffnung vermittelt. Warum muß er nicht sterben wie sein nördlicher Bruder Balder? Kann er es erreichen, die Gegensätze von Hell und Dunkel, von Sonnennähe und Sonnenferne miteinander in Einklang zu bringen? Wie macht er das?

Der Mythos von der Gefährdung des Lichtkindes

Es wird erzählt, daß sich Zeus, das zeugende himmlische Prinzip, mit Leto verband, der in dunkle Gewänder gehüllten Herrin der Erde, denn das bedeutet ihr Name. Leto war eine Tochter des Polos, des „Polarsternes", und der Mondgöttin als „Phoibe", der „Reinen" oder „Reinigenden". Der künftige Sohn der Leto wird einmal den Namen der Großmutter als der Phoibos tragen. Apollons Zwillingsschwester Artemis wird einmal die Mondgöttin vertreten als Helferin bei der Geburt und als Herrin der Tiere und Pflanzen[40].

Leto kam aus dem Nordland in den griechischen Kulturkreis. Dort bei den Hyperboreern auf der „Bernsteininsel" muß sie eine große Erdgöttin gewesen sein, eine Magna Mater, und hieß Kleito. Ihr Gatte war auch dort der höchste Gott, dem sie Zwillinge schenkte – wie sie auch in Griechenland dem Himmelsgott Zwillinge gebiert. Zwillinge wurden im nordeuropäischen Raum als göttlich verehrt – Balder und Höder! Sie bildeten oft den Stamm großer Geschlechter und hatten das Doppelkönigtum inne. Letos Vater, der „Polarstern", bildet das Ordnungsprinzip des Nordens ab, denn dort steht er ja an höchster Stelle im Zenit. Er verkörpert die höchste Stelle der Himmelsachse, des Weltenbaumes, um den sich das nächtliche Firmament dreht. Auch mit der Mutter, der Mondin Phoibe, ist Leto dem Reich der Nacht zugeordnet. Eine solche Mutter zu haben ist für einen Lichtgott wie Apollon schon eine gute Grundlage!

Doch ihre frühe Größe hatte Leto bei den Griechen bereits eingebüßt. Sie galt als Heimatlose, zudem floh sie vor dem eifersüchtigen Blick Heras, die ihrer Rivalin nachstellte. Ein feuriger Drache, der Python, verfolgte Leto auf Heras Befehl. Kein Platz auf der Erde, den die Sonne beschien, sollte der schwangeren Leto Raum für ihre Entbindung gewähren, so befahl es Hera. So war schon während der Schwangerschaft das künftige Lichtkind in großer Gefahr, von der Finsternis für immer verschlungen zu werden. Leto wanderte ruhelos umher, auch sie hatte, wie die Mutter Jesu, keinen Raum, keine Herberge. Um sie zu schützen, verwandelte sie Zeus zeitweilig in die Gestalt einer Wölfin. Der Wolf blieb später bei Apollon, denn Lykos (der Wolf) hat seinen Namen auch vom Licht, von einem unsteten Licht wie Loki, denn im Dunkel leuchten die Augen des Wolfs. Leto fand eine Zeit für die Geburt, zu der die Sonne nicht schien: die Morgendämmerung vor Sonnenaufgang. Diese Zeit heißt bei den Griechen passenderweise auch das „Wolfslicht". Schließlich fand sich auch ein Ort bereit, die Hochschwangere aufzunehmen: das öde, noch schwimmende Eiland Delos, das unstet umhertrieb wie Leto. Nun aber wurde es am Meeresboden befestigt, ein neuer Ort für eine außerordentliche Geburt. Neun Tage und Nächte litt Leto gewaltig unter den Wehen. Manche Erzähler wissen, daß Artemis als erste der Zwillinge geboren wurde und die Mutter als Geburtshelferin unterstützt habe. Leto kniete auf einer weichen Wiese, umschlag mit beiden Armen den Stamm ei-

139

ner Palme, und der junge Gott sprang aus ihrem Leib hervor. „O Erd, hervor dies Blümlein bring, o Heiland, aus der Erden spring!" Darüber lachte die Mutter Erde vor Freude, und die Göttinnen, die sich als Zeuginnen des großen Geschehens eingefunden hatten – außer Hera natürlich –, schrien vor Begeisterung auf. Von ihnen erhielt der junge Apollon Nektar und Ambrosia, die Essenz der göttlichen Unsterblichkeit. Da war das Lichtkind so gestärkt, daß es gleich laut vor aller Welt seinen göttlichen Auftrag verkündete: „Lieb sei mir die Leier und der Bogen des Schützen! Verkünden werd ich den Menschen im Orakel den unfehlbaren Willen des Zeus!" Auch die Insel Delos, die einmal neben Delphi Apollons heiliger Ort werden sollte, erblühte in Freude und duftete; im goldenen Licht leuchteten Bäume, Erdreich und Wasser. Singschwäne kreisten rufend siebenmal um die Insel, wie sie es im Frühling zu tun pflegen. Diese Freude am jungen Licht ging sogar auf Hera über, und ihr Zorn besänftigte sich.

So schwer war die Geburt des Lichtes, so mühsam mußte Leto um das Kostbarste ringen, was den Göttern und Menschen geschenkt werden kann. Ihm kommt nichts auf der Erde gleich. Kostbarer ist es als das Gold, in dessen Glanz es sich doch am wärmsten spiegelt und das dem Licht schon immer zugeordnet wurde. Auch um das Gold wurde zu allen Zeiten am erbittertsten gekämpft, es wurde in riesigen Mengen gehortet – als könne man damit Licht und Leben horten!

Von der tiefen Sehnsucht und Bedürftigkeit nach Licht, von dem Ringen um das Licht zeugt ein schlichtes Lied der Maori (Neuseeland):

Die Nacht! die Nacht!
der Tag! der Tag!
das Suchen,
das Ringen nach dem Licht!
nach dem Licht[41]!

Dies könnte fast eine Schwangerschafts-Litanei sein, die Leto sang, als sie in den Wehen lag – und die jeder und jede singen könnte, der und die um das Licht ringt. Vor allem um das innere Licht der geistigen und seelischen Erkenntnis.

Nicht-Erkennen, geistige Dunkelheit ist nach Kant die Erfahrung der Unmündigkeit schlechthin. Auf-Klärung heißt daher das Programm, aus dieser selbstverschuldeten Unmündigkeit herauszutreten und „klar", also hell zu werden, denkend zu durchschauen. Zur Aufklärung des Chaos und der Dunkelheit der Seele will mit anderen Zielen und Methoden auch die Psychoanalyse und Psychotherapie beitragen. Diese Aufklärung wendet sich unsrer dunklen eigenen Frühgeschichte zu, damit wir uns selbst besser verstehen und annehmen lernen und bewußter werden. So können wir zunehmend besser mit der Gefahr der Unmündigkeit und Abhängigkeit umgehen und den „Lichtgedanken Gottes", den wir vielleicht darstellen, zur Entfaltung bringen. So könnte sich die schwere Geburt des Lichtkindes in unserem heutigen Leben ereignen, in vielen kleinen Schritten und „Aufgängen". Nur: Wie in der Schwangerschaft muß man die Geburt wirklich wollen, wie Leto muß man sich Raum und Zeit dafür erkämpfen und der lähmenden Hera die Stirn bieten, die einen von der „Niederkunft" abhalten will. Hera erfindet manches, um zu hemmen und zu bremsen. Um das Licht muß anscheinend immer gerungen werden, es fällt keinem zu.

Und auch nach der Geburt geht das Ringen weiter. Gleich nach der Geburt hatte Apollon gefährliche Feinde zu bestehen. Auf dem Arm seiner Mutter kam das kleine, nackte Kind ins gebirgige Delphi, an den steilen Hängen des Parnaß gelegen. Dort hauste in einer feuchten Höhle die Drachin Delphyne und bewachte eine Quelle und ein altes Erdheiligtum, von ihren Bewegungen bebte die Erde und bildete Risse und Spalten. Manche erzählen, es waren zwei Drachen: Python und Delphyne, die Leto und Apollon feindlich gesinnt waren. Delphyne gab diesem Ort seinen Namen, und noch heute erinnert das Gebirge mit seinen tiefen Schluchten an die „Gebärmutter" (griechisch delphys). Das Kind Apollon, dem die Leier heilig war, ermunterte sich selbst zum Kampf und sang sein Kampflied: „Hiē, hiē, paieon!"[42] Auch den Bogen nahm der junge Schütze in Gebrauch, spannte ihn und schoß seine Pfeile auf das Ungeheuer, so daß es den Platz freigab. Nun hatte sich Apollon den Ort seiner Verehrung erobert: das später weltberühmte Orakel und panhellenische Heiligtum von Delphi.

Es scheint, als habe sich Apollon mit dem Drachen arrangiert, denn dessen Erdenergie diente später dem Orakel des Gottes und machte diesen Ort zu einem wahren „Ort der Kraft": Hier strömte die Erd- und Lichtenergie und inspirierte die Sibylle, Apollons Priesterin, wenn sie in Trance fiel und Visionen hatte. Vielleicht waren die Dämpfe aus der Erde, von denen die Alten berichten, der Drachenatem? Jedenfalls soll sich der Drache um den heiligen Nabelstein, den Omphalos, geringelt haben. Dieser galt den Griechen als die Weltachse, das Zentrum der Kraft, wie die Irminsul den Germanen. Nach dem feurigen Python-Drachen hieß die delphische Seherin auch die Pythia.

Doch war dieser Sieg des Lichtgottes so strahlend nicht, denn er hatte nun einen Mord auf sich geladen und mußte ihn sühnen. Als Buße für den Mord im Heiligtum der Erdmutter sollte Apollon wieder auf Wanderschaft gehen: nach Thessalien, wo er ein großes Jahr lang – das sind neun Jahre – beim König den niederen Dienst des Rinderhirten versehen mußte. Danach erst kehrte Apollon gesühnt und „wie neugeboren" nach Delphi zurück. Nun war er der „Hagnos" und „Phoibos", der „Reine". Sein Schmuck war der heilige Lorbeer, das Sieges- und Ehrenzeichen für die jungen Männer, die in den Delphischen Wettkämpfen zu Ehren des Gottes ihre Probe bestanden und gesiegt hatten. Auch diese sommerlichen Wettkämpfe zu Ehren des Gottes verherrlichten das Licht: in der Schönheit, Anmut und Körperkraft der Athleten und bei Gesang und Saitenspiel der Dichter und Sänger.

Apollon verbreitet Schönheit um sich, wie wir es von Balder wissen. Doch bei ihm ist Schönheit nicht ein idealer Zustand, sondern Athleten und Künstler wetteifern und ringen immer neu um die schönste Form und Gestalt. Hinter dieser Form aber leuchtet die göttliche Idee, Apollon, der Lichtgott. Diese innige Beziehung der Schönheit zum Licht ist uns heute kaum noch bewußt. Schönheit gilt weithin als ein „Besitz", mit dessen Hilfe wir unseren eigenen Wert erhöhen können. Diese Art Schönheit, so hoffen wir, macht uns in den eigenen Augen und in den Augen anderer wertvoller, sie dient also einem narzißtischen Selbstzweck. Sie dient aber außerdem dem materialistischen Streben des Haben-Wollens, dem Wunsch nach Aneignung des schönen „Objekts", nach äußerer Sicherheit. Dies Denken ist es nicht, was Apollon — als eine Idee verstanden — meint. Zwar gilt er als der Gott männlicher Schönheit, vor allem der jugendlichen Schönheit, und als „Schirmherr" der homosexuellen Anziehung unter Männern, aber dies ist eher die Folge einer Grundidee, die mit Licht zu tun hat. Licht läßt erst er-scheinen, was schön ist, macht Schönheit offenbar. Unser altes deutsches Wort „klar" hat diese Bedeutung: Ein „klares" Gesicht ist schön, weil es von Licht durchstrahlt ist. So verstand es noch die Sprache früherer Jahrhunderte. Ein „klares wīp" ist eine schöne Frau, und von der Schönheit Christi heißt es im Lied: „O klare Sonn, du schöner Stern". So meinen auch die beiden Namen A-poll-on und Bal-der, daß „hell" und „schön" austauschbare Qualitäten sind. In diesem Sinn haftet Schönheit nicht an der äußeren Form, sondern ist eine Qualität des Lichtes, eine Art Transparenz. Diese berührt nicht nur die Sinne, sondern auch das Herz, unser Sonnenorgan. Das Schöne bleibt unverfügbar und kostbar wie das Licht, es läßt sich nicht haben, wie sich ja das Licht immer wieder unseren Augen entzieht. Diese apollinische Qualität von Schönheit erweckt Andacht und Verehrung. Doch erfahren wir gerade hier die dunkle Seite Apollons: daß sich das Schöne entzieht und wir es eben nicht festhalten oder seiner sicher sein können. Der Schmerz des Verzichts, die Trauer, die daraus entstehen, ja die Bitterkeit der Versagung gehören ebenso zur apollinischen Erfahrung. Hier spüren wir die grausame Seite des lichten Gottes.

Der Leierspieler und der Bogenschütze
Harmonie gewinnen aus der Spannung
der Gegensätze

Auf Bildern erscheint Apollon als festlich gekleideter Kitharode, der seinen Gesang auf der Leier,
Kithara oder Harfe begleitet, das göttliche Urbild des
Singens und Dichtens. Dem Bogenschützen, der seine gefährlichen Pfeile versendet, begegnen wir eher
in schriftlichen Zeugnissen der Antike. Mit beiden
„Instrumenten" hat sich schon der neugeborene
Gott verbunden und erklärt, daß sie ihm heilig sei-
en. Wie soll man das zusammendenken: das musische, zarte Saiteninstrument und das Werkzeug des
Kämpfers und Kriegers? Vermutlich ist auch das eine Folge unserer anerzogenen Einseitigkeit, daß wir
beides nicht gut zusammenbringen. Der Mythos
kann es. Schon in seiner frühen Jugend gebraucht
Apollon beides: Das erste Lied des jungen Sängers
ist ein Kampflied, das ihm die Energie und den Mut
für seine erste Auseinandersetzung verschafft. Man
muß es einmal probieren, in hellen Tönen fünf bis
zehn Minuten lang das „HIĒ, HIĒ PAIA(W)ON!" zu singen, und wird merken, daß es ungemein aufrichtet
und die Lebenskraft stärkt! Die Kampfschreie und
-lieder gehören sicher zum frühesten musikalischen
Gut der Menschheit, sie sorgten für energetische
Aufladung und Abgrenzung und verbinden uns mit
vielen Tierarten, die sich mit Lauten und Tönen auf
ihre Begegnungen mit männlichen oder weiblichen
Artgenossen vorbereiten. Doch energetisiert nicht
nur das Kampflied, auch das intensive Tönen und
Singen während der meditativen und religiösen Praxis weitet den Atem und intensiviert die eigene

145

Energie. Apollon ist von seiner Geburtsstunde an ein Träger der Energie, und er sendet sie in seine Umgebung: durch den klingenden Ton und den Pfeil vom gespannten Bogen.

Vom Philosophen Heraklit aus Ephesus stammt ein Satz über Bogen und Leier, der sagt, was sie gemeinsam haben: „Harmonie ist das Ergebnis einer Spannung zwischen Gegensätzen – wie bei Bogen und Leier." Nur die zwischen zwei Polen gespannte Saite tönt und klingt; wenn der Spieler die Saite zupft oder streicht, verstärkt er deren Spannung noch einmal, und indem er die Spannung löst, entläßt die Saite ihren Ton. (Das Wort „Ton" stammt von tonus, „Spannung".) Ebenso verhält sich die Sehne des Bogens. Auch sie ist gespannt zwischen den Enden des Bogens. Legt der Schütze den Pfeil ein, so spannt er die Sehne noch zusätzlich; nur so kann sie dem Pfeil Kraft und Zielstrebigkeit verleihen. Auch beim Abschnellen des Pfeiles erklingt ein singender Ton. Durch diese gespannte Kraft und Zielsicherheit entstand wohl die Vorstellung, der Sonnengott sende seine Pfeile als Strahlen, mit denen er das Lebendige energetisiert. Den Satz des Heraklit greift Plutarch in einem etwas veränderten Sinn auf: „Des Weltalls Harmonie hat Spannung und Entspannung – wie die des Bogens und der Leier." Danach besteht der Gegensatz in den beiden Tätigkeiten des Spannens und Lösens; beide im Ausgleich schaffen eine „gute Spannung". Diese „gute Spannung" ist das Ziel einer Methode der Körperarbeit, die von diesem Ziel auch ihren Namen hat: der Eutonie. Wir können oft beobachten, daß zuviel Anspannung ohne Entspannung zu Disharmonie, Überdruck, Verkrampfung oder Krankheit führt – ebenso

wie Schlaffheit und zuviel Entspannung den Ener-
giefluß in Körper und Geist hemmen und uns faul,
müde und lustlos machen können. Doch in der Mitte, einer guten Spannung zwischen beiden Extremen, empfinden wir Wohlgefühl und Tatkraft.

Im zwischenmenschlichen Bereich herrscht das
gleiche Gesetz: Auch hier verbinden sich gern die
Gegensätze – sie ziehen sich an. Durch die miteinander erzeugte Spannung können sie zu einer kreativen Harmonie führen. Das Wort „Be-Ziehung"
meint diese Spannung des Ziehens zwischen zwei
Polen. Wenn allerdings die eine oder andere Seite
zuviel zieht, wirkt sie „überzogen" oder „über-
spannt"; ebenso führt Laschheit zu einem Mißver-
hältnis.

Die apollinische Kunst besteht nicht etwa darin,
immerzu ausgeglichen, harmonisch und mit der
Welt in Einklang zu sein – das wäre tödlicher Stillstand –, sondern das Spiel zwischen beiden Polen
zuzulassen und es bewußt zu gestalten: in Bemü-
hung und Hingabe. So konnte es wohl zu der schönen Vorstellung kommen, wir Menschen seien leib-
seelische Instrumente, auf denen der Gott sein Konzert spielt. Sind wir wohl gestimmt und in guter
Spannung, wird ihm das Lebenslied gefallen. Oder
sendet uns der göttliche Bogenschütze als lebendige
Pfeile auf das Ziel zu, für das er uns bestimmt hat?
Auch das wäre apollinisch gedacht.

Die Geburtsgeschichte des Lichtkindes enthält einen weiteren fruchtbaren Gegensatz, der in jeder
religiösen „Beziehung" da ist: Apollon ist gleichzeitig der Nahe und der Ferne. Der wandernde Gott ist
nicht greifbar, er ist immer der Vorübergehende;
und doch kann er im nächsten Augenblick vor unse-

ren Augen erscheinen und neu geboren werden. Um wieder zu verschwinden...

Von Anfang an hat das Kind Apollon mehrere Orte zur Heimat oder keinen – wie seine Mutter Leto. Seine Geburtsinsel muß erst für sein Erscheinen hergerichtet werden, danach wird sie zu seinem großen Heiligtum Delos. Nach Delphi kommt Apollon als Fremdling und hilflos auf den Schultern seiner Mutter, um den Ort erst zu erobern, der später sein anderes großes Heiligtum werden soll. Seines Bleibens kann er sich dort nicht freuen, sondern muß als Sühnender nach Thessalien weiterwandern. Und schließlich kehrt er alljährlich im Herbst seinem Orakelheiligtum den Rücken, um zu seiner Urheimat im Norden zu reisen, wo er drei Wintermonate lang weilt. Erst die bittenden Lieder und schönen Reigentänze seiner Diener und Dienerinnen locken ihn wieder zurück, und Delphi erlebt im Frühling das Nahen des Gottes, seine Epiphanie.

Seine Zeit ist wie in der Geburtsgeschichte die Früh-Zeit des Lichtes, die heilige Zeit des Frühlings und des Sonnenaufgangs. Dies sind Schwellenzeiten, Zeiten des Übergangs in eine neue Phase, die in den alten Kulturen bewußt erfahren und begangen wurden. Jedem Anfang wohnt ja auch deshalb ein „Zauber inne" (Hesse), weil der Keim der kommenden Entwicklung in ihm beschlossen liegt. Letztere kennen wir zwar noch nicht, können sie aber durch einen bewußten Anfang mitgestalten.

Von den ersten Seefahrern des alten Griechenland, den Argonauten, wird erzählt, daß sie bei ihrer Fahrt zum Schwarzen Meer durch den Bosporus kamen. Es war Nacht, heftige Strömung und schlagende Steine bedrohten das Schiff und die Ruderer.

Endlich landeten sie im Morgengrauen erschöpft auf einer öden Insel. Da erlebten sie im „Wolfslicht" eine wunderbare Erscheinung: Apollon ging an ihnen vorüber auf seinem Weg zu den Hyperboreern. Wie Sonnenstrahlen leuchteten die goldenen Locken des Gottes, in der Hand blitzte sein silberner Bogen. Von der mächtigen Lichterscheinung bebte die Insel, und das Meer wogte. Ergriffen und sprachlos standen die Argonauten und wagten es nicht, dem Gott in sein leuchtendes Auge zu schauen. Ehe sie ihre Fassung wiederfanden, war er schon vorübergegangen[43]. In dieser Erzählung war es Apollons Priester, der Sänger Orpheus, der als erster die Fassung wiedergewann und das Wort fand, dies Erlebnis zu deuten. Er antwortete mit einem Ritual auf die Epiphanie seines Gottes und weihte ihm einen Altar, wo er ein Dankopfer darbrachte. Gesänge und Reigentänze feierten den heiligen Augenblick[44].

An dieser Szene können wir sehen, wie fruchtbar sich die Spannung von Ferne und Nähe des Gottes auswirkt. Das menschliche Erkennen und die Antwort kann erst nach der Erscheinung des Gottes geschehen, als er schon vorübergegangen ist, also durch die Distanz zu ihm. In der unmittelbaren Erfahrung verstummt der Mensch oder ist geblendet. Erst danach denkt und deutet er und gestaltet ein Ritual, wie es Orpheus zeigt. So ähnlich kann es auch in Augenblicken eines tiefen Glücks geschehen, das der religiösen Erfahrung sehr ähnlich sein kann.

Also gehört zur Religion die tiefe Ergriffenheit und das sprachlose Staunen als erstes, danach das Erkennen und Deuten und schließlich das rituelle Feiern. Die Nähe des Gottes verbrennt oder erleuchtet

– das ist die mystische Erfahrung; seine Ferne ermöglicht das kühlere Licht des Erkennens und des „Verarbeitens" – das ist die theologische oder philosophische Antwort; und Ferne und Nähe verbinden sich schließlich in Ritual und Kult, wenn sich der Mensch erinnert und mit Dank und Gebet, singend und tanzend feiert, daß er dem Göttlichen begegnen durfte. Wenn dies dem Gott wohlgefällt, kann es zu einer neuen Epiphanie kommen.

In der christlichen Religion, wie sie heute erscheint, überwiegt die Ferne Gottes; theologische Reflexion und gottesdienstliche „Ordnung" stehen an erster Stelle. Unmittelbare Erfahrung der Nähe Gottes wirkt eher verdächtig und abseitig. Mystiker müssen erst ihre Rechtgläubigkeit beweisen und sich theologisch sortieren lassen, ehe man ihnen traut. Mit der unmittelbaren, überwältigenden Erfahrung des Heiligen ging auch das Heilende verloren, die Kraft unmittelbarer Wandlung für Leib und Seele.

Wir können es uns schwer vorstellen, daß sich göttliche Energie in alltäglichen Erfahrungen manifestieren kann oder daß auch wir Epiphanien erleben können. Das müssen nicht gleich Sinai-Erlebnisse oder Totenerweckungen sein, aber Wunder können auch wir erleben, wenn wir uns dafür öffnen. In Zeiten seelischer Empfänglichkeit gibt das Leben oder die Natur uns Zeichen dafür, daß „jemand" uns sieht, kennt und begleitet. In der äußeren Realität geschieht das (gleichzeitig, synchronistisch), was sich in der Seele vorbereitet.

Als ich im Dezember 1989 begann, mich intensiv mit Balder, Apollon und ihren Schwänen zu befassen, und ihnen ständig geistig auf der Spur war, erlebte ich die Überraschung, ihnen wirklich zu begegnen. Einen Tag nach meinem Geburtstag unternahmen wir einen Spaziergang an der Travemündung bei Lübeck. Nun sind ja die Singschwäne im hohen Norden Europas und auf Island zu Hause – ich traute daher meinen Augen nicht, als ich mehrere große Gruppen Singschwäne in einiger Entfernung vom Strand schwimmen und gründeln sah. Ihre glockenhellen Rufe, die oft harmonische Akkorde bilden, und ihre gelben Schnäbel sowie die Haltung ihrer Hälse verrieten sie. Sie hatten offenbar diese stille Bucht als Winterquartier oder Zwischenstation gewählt und mir damit das schönste Geburtstagsgeschenk gemacht. In der Hoffnung, die seltenen Gäste noch einmal zu treffen und ihnen meinerseits ein Geschenk zu machen, nahm ich das nächste Mal eine Flöte mit und spielte ihnen einige Melodien. Alle Hälse tauchten prompt aus dem Wasser auf, die Schwäne schauten herüber und schienen schweigend zuzuhören. Als ich endete, ließen sie wieder ihre Rufe hören, die „Chorknaben"! Bei meinem nächsten Besuch werden sie wohl nicht mehr greifbar nahe, sondern wieder weggeflogen sein. Und ich kann aus der frohen Begegnung in die nachdenkliche Distanz des Betrachtens und Beschreibens gehen – ganz im Sinne ihres Gottes.

Ich erinnere daran, daß sie als „geflügelte Chorknaben" in das nördliche Heiligtum Balders/Apollons einflogen und das Ritual begleiteten und daß sie in der Geburtsgeschichte die Insel Delos siebenmal umrundeten, um Apollons Geburt zu begrüßen. Oft erscheint der Gott in seinen Geist-Tieren, und ihre ursprüngliche Tierweisheit offenbart den göttlichen Willen. Als Zugvögel sind auch sie Wanderer wie ihr

Gott und begleiten ihn im Schwanenwagen in seine nördliche Heimat und wieder zurück. Auch sie sind nicht greifbar, nicht verfügbar, von weißer Lichtfarbe und wohltönender Stimme wie Apollon.

Was für die innere Beziehung zum Göttlichen gilt, habe ich auch als fruchtbar und lebenerhaltend in menschlichen Bezügen erlebt. Ehen, Liebesbeziehungen und Freundschaften kranken oft an einem Zuviel oder Zuwenig an Spannung; manche können die Nähe nicht mehr aushalten, weil die Möglichkeit zur Ferne, zur Distanz fehlt. Man vermißt die Chance, die Verbindung zum anderen aus einem neuen Blickwinkel zu sehen, in sich nachklingen zu lassen und tiefer zu verstehen. Wenn einer der Partner in die zeitweilige Distanz geht, löst das oft bei dem Zurückbleibenden die Angst aus, den anderen ganz zu verlieren, und er oder sie klammert um so mehr. Der Satz: „Abstand bringt die Dinge – und Menschen – näher" leuchtet mir sehr ein (wenn er nicht als Vorwand dient für solche, die Nähe grundsätzlich fürchten). Er meint die Chance, die wir als erkennende Menschen haben: aus der Entfernung einander deutlicher wahrzunehmen, eine eigene Resonanz zu spüren und die Begegnung mit dem anderen zu erleben. Der Dichter Rainer Maria Rilke gebraucht das Bild von dem „weiten Himmel", vor dessen Hintergrund das Bild unseres Gegenübers vollständiger wird.

„Ein wundersames Zusammenleben kann entstehen, wenn die Menschen es erreichen, den Abstand zwischen einander zu lieben, denn nur so können wir einander ganz betrachten und vor dem Hintergrund eines weiten Himmels." Ein apollinisches Bild!

Apollon erzeugt also aus der Spannung der Gegensätze Harmonie, kein starres Gleichmaß, sondern einen lebendigen, schöpferischen Fluß der Energie, der immer für Innovationen offen ist. Als letztes Beispiel sei seine Fähigkeit genannt, sogar mit dem Chaos umzugehen, für einen Gott der „schönen Ordnung" und musikalischen Harmonie des Kosmos doch eigentlich eine Zumutung! Denn seine erste Tat war es ja, die Drachin Delphyne, eine Vertreterin der chaotischen Erdenergie, mit seinem Pfeil zu erlegen, anders gesagt: sie mit dem Pfeil an den Ort zu fixieren, um ihre ungestüme Energie dem Orakel nutzbar zu machen. Diese Versöhnung war ihm offenbar geglückt, denn durch Erdausdünstungen geriet ja die Pythia in Trance und weissagte.

Noch mehr beeindruckt sein Umgang mit dem Gott, dem das Chaos heilig ist: seinem Bruder Dionysos. Ihm überließ Apollon in den drei Monaten seiner Abwesenheit das Orakel und Heiligtum von Delphi. Da brach also im Winter die Gegenwelt herein: Dionysos führte seine von Wein und Pflanzendrogen berauschten Scharen zu ihren nächtlichen orgiastischen Feiern in die Berge. Er heißt der „Löser" und „Befreier", der in das geordnete Leben und die enge Begrenzung der Menschen hineinbricht und sie daraus löst. Im „Ausnahmezustand" seiner Gegenwart verlieren sie ihre Grenzen; Rangunterschiede, Geschlechtsnormen werden außer Kraft gesetzt. Es regiert das Chaos, die Vermischung aller mit allen. Und gerade dies zeitweilige Chaos nutzt Apollon als kreative Quelle einer neuen, lebendigen Ordnung.

Wir wissen heute aus dem neuen Wissenschaftszweig der Chaos-Forschung, daß der Gott recht hat:

Geordnete Systeme müssen immer wieder durch Phasen des Chaos gehen, wo alles mit allem kommuniziert, um neuen Anforderungen begegnen zu können und kreative Lösungen für neue Probleme zu finden. In Zeiten des inneren Chaos wird auch die menschliche Seele aufgeschlossen und beweglich und vermag sich neu zu organisieren, um sich danach neuen Herausforderungen stellen zu können[45].

So ist der „Leierspieler" und „Bogenschütze" und seine Spannung der Gegensätze, die eine neue Harmonie bewirken kann, bis heute und erst recht heute sehr aktuell.

Vierter Teil
Umgang mit dem heiligen Licht des Lebens und des Geistes

Vom Gott begeistert: die Seherin

Balder, der fallende Gott, der das schamanische Wissen um das labile Gleichgewicht der Kräfte verloren hat – Apollon, der die Spannung der Gegensätze zu einer harmonischen, kreativen Ordnung führt: Wie gelang es den Jüngerinnen und Jüngern des Apollon, das in die europäische Kultur zu integrieren, was die schamanischen Meister, Künstler und Seher immer wollten? An einigen apollinischen Gestalten und ihrer Kunst möchte ich diese Quintessenz beleuchten und zeigen, wie kreativ der Lichtgeist Apollons noch heute zu wirken vermag.

Wir sehen heute nicht mit den Augen der Antike, sondern mit unseren Augen, und so mag es sein, daß wir manchmal mehr oder anderes in Apollon sehen, als es dem Menschen der Antike möglich war. Letztlich aber geht es um *das Licht* – seine wunderbare „Allgegenwart" (Novalis), die von ihm ausgehende Lebenskraft, seine Wirkung in Leib, Seele und Geist.

Nur wenige Frauen sind in der langen, schriftlich überlieferten Geschichte der Religionen bekannt und als religiöse Autoritäten anerkannt worden. Schlagen wir nur das Inhaltsverzeichnis eines Werkes auf, das von einer religionsgeschichtlichen Autorität stammt – von Mircea Eliade –, und suchen unter „Typen religiöser Autorität", so finden sich unter 55 Medizinmännern, Schamanen, Priestern und Propheten oder sie betreffenden Beispielen nur zweimal Frauen: die uns schon bekannte Sibylle von Cumae und die oben erwähnte germanische Seherin Veleda.

Wenn Frauen also nach weiblichen Vorbildern im Dienst am Heiligen suchen, so müssen sie lange mühsam forschen und auch unscheinbaren Spuren folgen.

Die Spuren der Seherinnen und Sibyllen aber sind recht breit und gut bezeugt. Von der wichtigen Rolle der germanischen Seherin in Kult und Gesellschaft war schon die Rede, als es um die Gesänge der Wala, um die Edda ging. Über die Veleda schreibt der Römer Tacitus: „Sie (die Germanen) glauben, den Frauen eigne sogar etwas Heiliges und Seherisches; ihre Ratschläge verwerfen sie daher nicht, noch mißachten sie ihre Bescheide. Wir haben unter dem Vespasian die Veleda gesehen, die lange Zeit bei sehr vielen (Germanen) wie ein göttliches Wesen betrachtet wurde."[46] Von einer „Albruna" („Weisheit von den Erdgeistern") und anderen germanischen Seherinnen hören wir hier ebenfalls. Bei den Kelten hießen die Priesterinnen Druden und begegnen uns noch heute in Märchen als die schicksalskundigen Frauen, die Feen (von lateinisch fata – Wahrsagerin): Die Aufgaben der Seherinnen im germanischen Bereich waren besonders die Natur-Orakel (Schicksalsdeutung aus dem Vogelflug, dem Wetter, dem Opferblut usw.), die Astrologie und Traumdeutung sowie die Befragung der Toten.

Die Aufgabe der Seherin im Orakelheiligtum Apollons war fest umrissen. Wie der Auftrag des Zeus an Apollon in dessen Geburtsgeschichte lautete, sollte im Orakel der göttliche Wille verkündet werden. Dazu bediente sich Apollon der weiblichen Intuition und Inspiration. Apollon liebte die inspirierten Frauen. Über die Seherin von Delphi, die Pythia, wissen wir recht gut Bescheid. Sie wurde aus der bäuerlichen Gesellschaft des Ortes ausgewählt und war von da an dem Gott geweiht. Sie ging keine Ehe ein, sondern war dem Gott zeitlebens vermählt, der sie zu bestimmten heiligen Zeiten besuchte und ihr Wissen eingab (Inspiration heißt wörtlich „Einhauchung"). Anders als die von Zeus besuchten Frauen empfingen die Sibyllen Apollon in ihrem Geist. Wenn sie auf dem Dreifuß saßen, wurden sie „des Gottes voll", enthusiastisch. In diesem Zustand der „Besessenheit" stieg das Wissen der Tiefe in ihnen auf. Vielleicht waren die berühmten Dämpfe aus der Erdspalte, über welcher der Dreifuß stand, ein Symbol dieses Tiefenwissens, vielleicht hatten sie seismische Ursachen – beides hat etwas für sich. Für ihren heiligen Dienst reinigte sich die Sibylle vorher und wurde leer: Sie fastete drei Tage, badete im kühlen Kastalischen Quell und brachte ein reinigendes Rauchopfer dar.

Apollon verkörpert hier das in der Seele aufsteigende Licht, die Intuition aus einer überpersönlichen Tiefe. Wenn die Priesterschaft danach die gestammelten Aussprüche der Seherin deutete und in eine rational faßbare sprachliche Form brachte, so äußerte sich Apollons Geist als Fähigkeit zu verstehen und als Wortkunst. Doch kann man seiner auch hier nicht völlig sicher sein, denn auf platte rationale Weise oder als billiges Rezept läßt sich das Wissen aus der Tiefe nicht wiedergeben. Die es billig und sicher wollten, fielen herein, wie es die Annalen von Delphi berichten. Dies Wissen kommt aus der Fülle jenseits von Raum und Zeit und bleibt deshalb vieldeutig. Der weise Heraklit sagt von Apollons Orakel: „Der Gott des Orakels spricht nicht noch verbirgt er sich; sondern er deutet an." Seine Sprache ist die symbolische und künstlerische, die sich der hörende Mensch selbst aus seiner Erfahrung und inneren Reife deuten muß – in eigener Verantwortung. Dies verlangt von dem, der beim Orakel Rat sucht, innere Reinheit, Selbsterkenntnis, intuitives Verstehen sowie einen klaren Geist.

Nur so war es möglich, daß diese Lichtgottheit eine ganze Kultur und ihre Nachbarkulturen seelisch-geistig inspirierte und lebendig erhielt. Delphi und die anderen Orakel waren der Ort, wo der Suchende zur rechten – das heißt heiligen – Zeit mit dem Willen des Gottes „gleichzeitig" werden und ihn vernehmen konnte. Durch den Mund der Seherin deutete Apollon die Wahrheit an, damit der Mensch selbst in eigener Verantwortung sie für sein Leben deuten konnte. So wurde der Spruch des Gottes zu seiner eigenen menschlichen Wahrheit.

In diesem Sinne verstehe ich die Sehnsucht vieler Menschen heute nach einer lebendigen Religion, die sich aus diesem Tiefenwissen nährt und gleichzeitig die eigene Kreativität und Verantwortung anregt. Es sind heute oft uralte Übungswege wie die Meditationspraxis, Leib- und Atemarbeit oder der meditative Tanz, die zu neuem Leben erwachen und neue Symbole hervortreten lassen: zum Beispiel das Symbol universeller Verbundenheit und Verantwortung, das Netzwerk; oder das Symbol einer neuen Großen

Göttin, die die Schönheit, Empfänglichkeit und
Würde des weiblichen Geistes offenbart – aber
ebenso das abgespaltene dunkle Reich der Unter-
welt und des Schattens ehrt und zu ihm hinhorcht.
Wenn solche Symbole uns ergreifen, kann eine neue
Menschlichkeit wachsen[47].

Lebenslicht und Heilkraft:
der Arzt Asklepios

Asklepios war ein Sohn Apollons, von dem er die Heilkunst erbte. Noch heute führt die Heilkunde sein Symbol, den Aeskulap-Stab mit der Schlange der Energie, die sich um den Stab windet. Asklepios wuchs bei dem Kentauren Chiron heran, einem Pferdemenschen, in dessen Wesen sich die emotionalen Fähigkeiten des Pferdes mit der menschlichen Intuition verbanden. Hier lernte Asklepios die Heilkräfte der Natur zu verstehen und zu nutzen. Sein wichtigstes Heiligtum war das zu Epidauros auf dem Peloponnes. Wahrscheinlich steht hinter dem großen Arzt eine historische Persönlichkeit aus dem nördlichen Griechenland oder Thrakien, die die ganzheitliche Heilkunst begründete. In diesem Sinn wurde auch in Epidauros behandelt; Leib, Seele und Geist wurden in den Prozeß der Heilung einbezogen. Dazu trugen die üppige Natur mit ihren Heilkräutern und der guten Luft sowie die harmonische Landschaft bei; die dem Apollon geheiligten Künste Musik, Theaterspiel und Dichtkunst wirkten reinigend und klärend auf das emotionale Leben und den Geist (Katharsis); eine besondere Diät und Waschungen beeinflußten die körperlichen Reaktionen. Das wichtigste, gut vorbereitete Ereignis war der sogenannte Heilschlaf in einem besonderen Schlafsaal. In den Träumen erschien der Gott dem

Patienten und gab die richtige Heilmethode an oder zeigte Symbole, die diese „andeuteten". Hier wirkten der innere Arzt und die eigene Lebenskraft des Patienten, die der Gott anregte und darstellte. Eine Fülle von Votivtafeln in Epidauros und den anderen Asklepieien zeigen, wie viele Patienten tatsächlich gesund und dankbar das Heiligtum verließen.

Was sollen nun hier das Heilen und die ärztliche Kunst mit dem Lichtgott Apollon zu tun haben?

Die Lichtsprache der lebenden Zelle

Da wir heute gelernt haben, fein säuberlich das intuitive Wissen von der exakten Wissenschaft zu unterscheiden und der letzteren mehr zu vertrauen als der weniger faßbaren ersteren, mag es für manchen irritierend oder überraschend sein, wenn sich herausstellt, daß beide zu ähnlichen Ergebnissen kommen. Der Mythos vom Licht- und Heilgott Apollon wußte schon lange, was hochspezialisierten Wissenschaftlern erst in diesen Jahrzehnten zu beweisen gelang: wie intensiv das Licht in physiologische Vorgänge eingreift und sie steuert. Im Einleitungskapitel hat uns bereits die erstaunliche Tatsache beschäftigt, daß das Auge eine doppelte Funktion hat: einmal das einfallende Licht in optische Sinneseindrücke umzusetzen, so daß wir sehen können; zum anderen aber auch energetische Reize zur Hypophyse (Hirnanhangdrüse) weiterzuleiten. Dazu hat es eine eigene energetische Bahn entwickelt. Auch die darüberliegende Epiphyse (Zirbeldrüse oder Pinealis) wird vom Licht gesteuert und tut ihre subtile Arbeit als eine innere Uhr des ganzen Organismus. Die alte esoterische Lehre vom Dritten Auge, durch das hochentwickelte Menschen feine Lichtenergien als eine Ausstrahlung wahrnehmen können, bedarf zwar keines Beweises auf rationaler Ebene, aber diese Forschungen zeigen, daß wir noch feinere Wahrnehmungsorgane für Energien haben als die Sinne und daß sie entwicklungsfähig sind.

Doch gehen die wunderbaren Wirkungen des Lichtes noch weiter – die Alten hätten das als „göttlich" bezeichnet: Die lebenden Zellen aller Organismen – auch des Menschen – kommunizieren miteinander durch Licht! Nach neusten Forschungen leuchten ständig extrem schwache „Laserblitze" wie ein Feuerwerk durch die Zellverbände der Gewebe. Diese Strahlen, die Ströme der Biophotonen, werden von der Erbsubstanz DNS ausgesandt. Zwar sind sie 10^{18} mal (1 Milliarde Milliarden mal) schwächer als Sonnenlicht, übermitteln aber dennoch ständig Nachrichten der Zellen untereinander. Diese Biophotonen mit ihrem „Bio-Laser" sind dem Licht des technischen Laser weit überlegen: Sie vermögen durch ihre stabilen und weitreichenden Züge „stehender Wellen" auch das Dunkel des umgebenden Gewebes zu durchdringen und werden nicht von diesem absorbiert.

Der gleichmäßige Photonenfluß kennzeichnet gesunde Zellen. Wenn jedoch Zellen von Viren befallen oder von Giftstoffen angegriffen werden, ändert sich die Lichtbotschaft abrupt. Es treten Augenblicke der Dunkelheit auf, durchzuckt von heftigen Blitzen, die wie Hilfeschreie der Zellen wirken und von den Nachbarzellen auch so verstanden werden. „Schließlich ebbt die Strahlung ab, um mit dem Eintritt des Zelltodes ganz zu erlöschen – der ‚Lebensfaden Licht' ist durchtrennt."[48] Die Nachbarzellen leiden buchstäblich mit: Kurz darauf erlischt auch ihr Lebenslicht.

Für den Physiker Fritz-Albert Popp, der die Erforschung der Zellstrahlung zu seinem Lebenswerk gemacht hat, liegt es auf der Hand, daß nicht die (stoffliche) Biochemie die biologischen Funktionen des Lebens steuert, sondern die Energie des Lichtes mit seinen elektromagnetischen Signalen!

So wird auf einer noch tieferen Ebene erkennbar, daß die Sonne Mutter und Vater allen Lebens ist und es erhält, ja es kommunikationsfähig macht, und das in Lichtgeschwindigkeit! Die Biophotonen entstammen dem Sonnenlicht, das wir durch unsere Augen, über die Haut und durch die Nahrung aufnehmen.

Damit sind wir bei der wichtigen Frage, was Licht und körperliche Gesundheit miteinander zu tun haben. Die neuen Erkenntnisse über die Biophotonen werden wahrscheinlich in den nächsten Jahrzehnten weltweit dazu anregen, neue Heilverfahren auszuarbeiten, die auf die Zellebene Einfluß nehmen. Dort in der Zelle, in ihrer gesunden oder kranken Strahlung, beginnt ja jede Störung und Krankheit, und dort kann sie geheilt werden. Die biochemischen Behandlungsweisen werden dann wohl zugunsten der mehr energetischen zurücktreten. Die klassische Homöopathie stellt nach den Erkenntnissen der Biophotonenforscher ein gutes Modell dafür dar, weil sie über die Hochpotenzen energetisch auf den Biophotonenkörper des Patienten einwirkt. So auch die altbewährte chinesische Akupunktur oder die Heilkraft einer natürlichen Kost, die den besten „Photonen-Nährwert" aufweist. Denn gesund sind solche Organismen, die die Photonen am besten speichern können. Zur Gesundheit trägt natürlich auch die geistige und emotionale Energie bei, die wir in uns entwickeln und in unsere Umgebung ausstrahlen und die unseren Lichtkörper beeinflußt. Nicht zuletzt hat das Sonnenlicht selbst Heilkraft. Es ist ein Lebens- und Gesundheitsfaktor erster Güte und gleichbedeutend mit der Nahrung, der Luft und dem Wasser. Unsere Lebensgewohnheiten lassen uns etwa 90 Prozent unserer Zeit in geschlossenen Räumen und großenteils bei Kunstlicht zubringen. Dies enthält nicht das Spektrum des Sonnenlichtes (nur das neu entwickelte „True-Lite" ist eine Ausnahme) und ruft deshalb Lichtmangel-Leiden hervor, unter anderem Konzentrationsschwäche, die „Winterdepression", Vitaminmangel, Stoffwechsel- und Hormonstörungen, Karies und Immunschwäche[49]. Das Licht kann also heilen, indem es unseren Biophotonenkörper nährt und wieder ins Gleichgewicht bringt. Apollon und Asklepios sind aus guten Gründen miteinander verwandt!

Die musikalische Ordnung
des Sonnenkosmos

> Du lenkst mit goldener Leier
> Des Alls harmonische Bahn.
> *Orphische Hymne an Helios*

In diesem großartigen mythischen Bild ist der
Sonnengott ein Musiker, ein Leierspieler, der durch
die musikalische Wirkung der Töne das ganze Planetensystem – „das All" – in eine harmonische
Schwingung versetzt. Das Schwingen und rhythmi-
sche Kreisen der Planeten erinnert an einen Tanz
mit riesigen Ausmaßen. In der Vorstellung der Alten
können die Planeten nicht nur tanzen, wenn der
Sonnengott für sie spielt, sondern sie können sogar
„singen" – in den Klängen der Sphärenharmonie.
Die Planeten kreisen nach dieser Vorstellung in ihren eigenen Schalen oder Sphären, deren jede bei
ihrem Umlauf einen eigenen Ton erzeugt. Alle gemeinsam tönen sie in wunderbarer Harmonie, die
ein Eingeweihter wie Pythagoras, der große griechische Philosoph und Mathematiker, innerlich ver-
nommen haben soll. Eine schöne Metapher oder
reizvolle Phantasie, über die wir heute lächeln
mögen?

In dieser schönen Phantasie steckt eine mathe-
matisch-physikalische Realität. Dazu paßt, daß der
„Hauptberuf" des Pythagoras nicht Mystiker, son-

dern Mathematiker war. Durch eine einfache Rechnung können wir ermitteln, daß unser Planetensystem tatsächlich einer musikalisch-mathematischen Ordnung folgt, einem harmonischen Gleichgewicht im zeitlichen und räumlichen Sinn. Die Zeiten der Planetenumläufe – genauer: der sieben, deren Bewegung wir von der Erde aus sehen können – sind nicht regellos und willkürlich, sondern genau aufeinander abgestimmt wie die Instrumente eines Orchesters. Auf vielfältige Weise summieren und ergänzen sich die einzelnen Umlaufzeiten der Himmelskörper.

Ebenso überraschend ist es, daß die Planetenumläufe auch in einem genauen mathematischen Verhältnis zueinander stehen. Allein mit der Mathematik der Planetenharmonie könnte man ein ganzes Buch füllen.

Ebenso mit der Mathematik der Tonleiter, die wir in der Musik verwenden. Die einzelnen Intervalle bestimmen wir durch ihre Schwingungsverhältnisse. Diese Grundlage der abendländischen Musik hat der schon genannte Pythagoras herausgearbeitet, indem er am Monochord, einem einsaitigen Instrument, experimentierte: Er brachte die Längenverhältnisse einer Saite mit den Intervallverhältnissen der Töne zusammen. Diese sind in einfachen Zahlen auszudrücken, wir können die Zahlen buchstäblich hören. Auf der C-Saite erklingt zum Beispiel der Ton c im Längenverhältnis 1:1 (Oktave), e als 5:4 (große Terz), f als 4:3 (Quarte), g als 3:2 (Quinte) und so weiter.

In diesen einfachen Zahlenverhältnissen stehen auch die Umlaufzeiten der Planeten zueinander – in einer musikalischen, harmonischen Ordnung. So verhalten sich die Umlaufzeiten von Mars und Venus zueinander im akustischen Verhältnis der Quarte, die Venus zur Sonne in dem der kleinen Sexte usw.[50].

Die harmonikale Forschung hat es sich zur Aufgabe gemacht, diese harmonischen Strukturen in allem aufzuspüren, was besteht: im Planetensystem wie in den atomaren Bauplänen; in den alten heiligen Bauwerken der Cheops-Pyramide und der Kathedrale von Chartres wie in den Proportionen der Kristalle, der Pflanzen, der Tiere und des menschlichen Körpers; in den Frequenzen der Töne, der Farben und des Wetters[51]. Wenn wir uns dieser harmonischen Strukturen bewußt würden, die im gesamten Kosmos im Großen wie im Kleinen leben und in die auch wir eingebettet sind, so könnten wir wie Pythagoras und andere Weise den Weltenklang vernehmen und uns mit unserer eigenen Resonanz auf ihn einstimmen, mit ihm übereinstimmen. Dies hätte eine Erweiterung des Bewußtseins zur Folge, die uns wirklich mit dem Kosmos schwingen, mit ihm eins werden ließe.

Aus dieser Erkenntnis unternahmen es Pythagoras und seine Schüler, psychisch Leidende oder Geisteskranke durch bestimmte Tonfolgen oder Tonarten zu therapieren und sie wieder in Harmonie und ins Gleichgewicht zu bringen. Die dorische Tonart (e-f-g-a-h-c-d-e) wirkte ermunternd, vitalisierend und ermutigend; die phrygische (d-e-f-g-a-h-c-d) friedlich und dämpfend. Die dorische Tonart ist eng mit Apollons Zeit, dem Frühling und impulsiven Widder-Monat, verbunden. So heißt es in der Orphischen Hymne an Apollon als Sonnengott, er lasse auf seiner Leier diese Tonart erklingen, wenn er im

Frühling wiederkehrt und neue Lebenskraft in der Natur weckt.

Pythagoras, der auch ein Diener des Apollon war, wählte sich in seinen Schriften ein Pseudonym, das auf seine geistige Herkunft weist: den Namen Orpheus. Die heilende Kraft der Musik verbindet beide, den Mathematiker und den Sänger, mit dem Lichtgott Apollon.

Die heilende Kraft der Musik:
der Sänger Orpheus

„Ich verehre die Musik als wahre und wirksame Therapie, um die Lebensenergie in jedem einzelnen Menschen zu aktivieren. Hippokrates nannte sie Vis Medicatrix Naturae – die heilende Kraft der Natur; bei Paracelsus heißt sie Archaeus; sie ist Prana, Ki, Geist. Sie löst die wahre und einzige Heilung aus, die Heilung, die von innen kommt.

Ein Medikament kann vielleicht die Symptome einer Krankheit lindern, aber heilen kann es nicht. Wahre Genesung geht immer mit einer großen Veränderung im Patienten einher: in seiner Einstellung zu sich selbst, zum Leben und zu Gott. Er muß letztlich in der Seele genesen.

Von allen Formen der physikalischen Therapie kann die Musik am wirkungsvollsten diese Lebensenergie aktivieren und die Seele stärken. Nur reine Liebe vollbringt noch mehr."[52]

Ein Arzt rühmt hier die Musik als die wahre Heilerin und Anregerin der Lebensenergie. Am reinsten ist diese göttliche Kraft im Sänger Orpheus verkörpert. Er gilt im Mythos als Sohn des Apollon und der Muse „mit der schönen Stimme", Kalliope. Es gibt eine Fülle von Hinweisen dafür, daß hier eine historische Gestalt zum Mythos wurde, ein Schamane, Heiler und Sänger, der im mykenischen Griechenland (im 13. Jahrhundert v. Chr.) gelebt und gewirkt hat[53]. In den überlieferten mythischen Bildern sehen wir ihn in der wilden Natur des nordgriechischen Berglandes auf einem Fels sitzen, die Leier spielen und hingebungsvoll singen. Die scheuen Tiere des Waldes scharen sich um ihn, und er „stimmt" sogar die Raubtiere friedlich; die Vögel singen zu seinen Häupten, die ganze Natur schweigt und lauscht seinem Gesang. Sie ist „im Einklang". Auch die kampflustigen thrakischen Krieger kann Orpheus um-stimmen, daß sie ihren Sinn vom Blutvergießen abwenden. So schildert der Mythos die heilende Kraft der Musik, besonders der menschlichen Stimme, die mit Mensch und Natur kommuniziert. Der Wissende vermag die harmonische Ordnung des Kosmos mit seiner Stimme auszudrücken und heilend wiederherzustellen, denn alles Bestehende und alles Lebendige hat ja daran teil. Es ist das schöpferische Licht und die Lebenskraft der Lichtgottheit, die Orpheus als Priester des Apollon kennt, verehrt und musikalisch ausdrückt.

Wie sehr die menschliche Stimme zur Trägerin dieser Lebensenergie werden kann, zeigt die Unterweltfahrt des Orpheus. Er empfing seine Einweihung bei der Todesgöttin Persephone, wie ja alle Schamanen die Schwelle zum Totenreich betreten müssen. An der Schwelle zur Jenseitswelt erklangen seine Gesänge, die sogar die unnahbare Persephone rührten und bewegten – so wird es überliefert.

Auch dies wissen wir von der Einweihung vieler Schamanen, daß in dem Augenblick, wenn sie dem Tod nahekommen, aus der Tiefe ihres Wesens der Gesang aufsteigt, das Lied der Kraft, ihr persönliches Lebenslied, mit dem sie die Todesgefahr überwinden und sich selbst ins Lebens singen. Dies Lied verkörpert ihre besondere „Medizin", die musikalische Heilkraft bei ihren späteren Heilungsritualen oder auch in Gefahren und Leiden ihres eigenen Lebens. Es *ist* klingende Lebensenergie, und es regt die Lebensenergie neu an, wenn sie ins Stocken gekommen ist. Orpheus und die Schamanen zeigen uns mit ihrem Beispiel, daß wir uns selbst durch die eigene Stimme heilen und unsere Energie intensivieren können. Das kann schon bei einem schlichten fließenden Tönen geschehen, wenn wir unseren eigenen Ton gefunden haben. Hier wirkt die therapeutische Kraft der menschlichen Stimme – der Sprech- wie der Singstimme. Sie vermag die Lebensenergie unseres Gegenübers zu stärken oder zu schwächen, je nachdem, wieviel Lebensenergie und Menschenliebe wir selbst ausdrücken[54].

Einige wichtige Ergebnisse aus John Diamonds Erfahrungen mit der Wirkung von Tönen und Klängen auf die Lebensenergie: 1. Alle Töne wirken eindeutig und nachweisbar auf unsere Lebensenergie. 2. Alle natürlichen, streßfreien Klänge wirken stärkend, zum Beispiel Laute von Tieren, Herz- und Atemtöne des Menschen, Vogelstimmen, Wasser- und Windrauschen usw. 3. Jeder Lärm wirkt ungeachtet seiner Lautstärke negativ auf die Lebensenergie. 4. Jede Musik stärkt sie – außer Rockmusik – und reduziert den Streß. 5. Musik gleicht die Tätigkeit der beiden Gehirnhemisphären aus, sorgt für Gleichgewicht und Ausdrucksfähigkeit (Apollon!) und entspannt. 6. Unser Körper reagiert auch auf Frequenzen, die weit über der Hörschwelle liegen (Lichtstrahlung der Zellen!)[55].

Der kosmische Reigen und seine Tänzerinnen

Ursprünglich war Musik immer mit Tanz verbunden. Der Tanz ist die sichtbare Wirkung der Musik. Für diese leibliche Gestaltung des Musikalischen sorgen die Musen. So wie Apollon die Seherinnen, die Sibyllen „braucht", um sich und seinen Geist im gesprochenen Wort auszudrücken, so „braucht" er für den sichtbaren Ausdruck der kosmischen Harmonie die Musen. Sie waren (wie auch Orpheus oder Asklepios) nicht nur mythische oder symbolische Gestalten, wie sie uns als die neun Vertreterinnen der Schönen Künste und der Astronomie geläufig sind, sondern bildeten Kultgemeinschaften von Frauen und Priesterinnen. Von einem Sohn des Apollon, dem Aristaios, wird erzählt, daß ihm die Musen seine Hochzeit ausrichteten und die Festgestaltung übernahmen – mit Musik, Gesängen und Tänzen, versteht sich. Außerdem waren sie seine Lehrerinnen in der Heilkunst und in der Weissagung, sie verstanden sich also auf alle apollinischen Künste. Ihr historischer Ort ist der Norden Griechenlands und Thessalien: Dort besaßen sie Herden, die ihnen Aristaios hütete (wie ja auch Apollon Hirte war!). All dies weist darauf hin, daß sie keine Phantasiegestalten sind, sondern die lebenswichtigen Künste und Fähigkeiten vertreten, die schon seit frühesten Zeiten in den Händen der Frauen lagen –

und in ihren Füßen. Die Musen gehören zu einer Frauenkultur, die älter ist als die musische Inspiration des männlichen Apollon (wie wir wissen, war er ein Ankömmling und mußte sich seine Bereiche erst erobern). Seit ältester Zeit besaßen die Musen Quellheiligtümer und Tanzplätze, wo man sie singen und tanzen hören konnte – nicht mädchenhaft anmutig oder zartfüßig leise, wie es spätere Männerphantasien wollen, sondern kräftig „stampfend": „Die schwarze Erde hallte von ihren Hymnen wider, und es klang das Gestampf ihrer Füße"[56], wenn sie zum Olymp zogen. Dem entsprach auch ihre mondhaft-vitale Zeugung: Neun Nächte lang vereinigten sich Mutter Mnemosyne und Vater Zeus auf ihrem heiligen Lager, fernab von den anderen Göttern. Der Neunzahl von Nächten entspricht die Neunzahl der Töchter, die Mnemosyne („die Erinnerung") dem Zeus gebar: Ob nun drei oder neun Musen, ihre Zahl ist mit dem Mond verbunden, der ja immer „neu" wird und der in neun Monaten ein „neues" Menschenleben reifen läßt. Diese Neun kennen wir als die heilige Zahl der älteren Frauenkultur und ihres Monddienstes.

Die Musen verstanden sich darauf, das Leben zu feiern und Freude zu verbreiten. Das bezeugen ihre Namen wie: Euterpe, „die Erfreuende", Thaleia, „die Festliche", Terpsichore, „die den Tanz Genießende", oder Erato, „die Sehnsucht Erweckende". Sie alle tanzten und sangen von Jugend auf und konnten sogar die Götter anstecken mit ihrer Freude[57].

Später schlug zu ihren Tänzen und Gesängen Apollon die Leier, und so entstand die Vorstellung, daß die autarken Frauen von Apollon als dem Musagetes, dem „Musenführer", geleitet wurden. Dann trat er im langen, duftenden Gewand auf, glänzend in Schönheit. Doch vor meinem inneren Auge ist dies kein Bild der Dominanz oder männlichen Überlegenheit, sondern des kunstvollen Zusammenspiels von Musik und Tanz, von Sonnenlicht und tänzerischer Bewegung. Wenn Apollon auftritt, leuchtet die Sonne und verschönert den Tanz der Musen (wie auch die Mondin die nächtlichen Tänze zu ihren Ehren beleuchtet).

Die ganze Natur bringt er in Harmonie, der herrliche Apollon ... und sein Leierschläger ist der helle Sonnenstrahl[58].

So können wir den „Musenführer" als die harmonisierende, heilende Präsenz des Lichtes verstehen, die die Kunst und Schönheit der Musen „an den Tag bringt" oder er-scheinen läßt. Was wäre er ohne seine Gestalterinnen und Künstlerinnen, die inspirierten Sibyllen oder Musen! Durch sie kann sich sein Licht in Weisheit aus der Tiefe, in Schönheit und heilende Kräfte, in Gesänge und Tänze verwandeln – uns zur Lebensfreude.

Anmerkungen

1 Orphische Hymne „Dem Helios", in: Altgriechische Mysterien, S. 31 f.

2 Ovid: Metamorphosen 2, V. 56 f.

3 C. G. Jung: Wandlungen und Symbole der Libido. Zit. nach
Sigrid Strauss-Kloebe in: Eranos-Jahrb. 1934, II. S. 445 ff. (ohne
S.)

4 Kerényi: Mythologie I, S. 152.

5 Kerényi: a.a.O., S. 152.

6 Schwery: Im Strom des Erwachens, S. 32 f.

7 Gottschalk: Lexikon der Mythologie, S. 435. Vgl. auch Anm.
21!

8 Die Verbindung Nadeshdas mit Mandelstam wird erzählt in:
Liebespaare. Hrsg. von H. J. Schultz, Stuttgart 1989.

9 Von Joseph Brodsky beschrieben in: Flucht aus Byzanz. Es-
says, München 1988.

10 Vgl. Judy Chicagos Performance und Wanderausstellung
„Dinner Party", mit der sie 39 Frauengestalten der Geschichte
huldigt – stellvertretend für die vielen Namenlosen.

11 Die singenden Steine. Märchen von R. von der Wehl.

12 Das Symbol des inneren Lenkers, wie ich es verstehe, gehört
in der Analytischen Psychologie C. G. Jungs zum Archetyp des
Selbst.

13 Diese Traumserie habe ich veröffentlicht in Hämmerling: Orpheus' Wiederkehr, S. 311 ff.

14 Edith Stein: Im verschlossenen Garten der Seele, S. 44.

15 Als eine Übung der Europäischen Meditation entwickelt und
dargestellt von Arnold und Verena von Ogtrop, H. 2, S. 20.

16 Jamblichus VII, 3.

17 Totenbuch des Ani und des Nacht. Urkunden zur Religion des
alten Ägypten, S. 2.

18 Zit. nach Ingrid Riedel: Farben, Stuttgart 1983, S. 109.

19 Hymnus der Baumeister Horus und Seth, der Zwillinge. Urkunden, S. 10.

20 Urkunden, a.a.O., S. 10.

21 Für die nordöstliche Mythologie ist die Quellenlage recht dürftig, denn wir haben keine Originalzeugnisse, sondern nur Berichte aus fremder Hand: christlicher Chronisten des Mittelalters; daneben Bodenfunde und die Folklore. Daher mein sparsamer Umgang mit dieser Mythologie! Zit. nach Gottschalk: Lexikon, S. 411–436.

22 Vgl. A. Brauchle: Naturheilkunde, S. 230 ff. Zur Heilwirkung des Lichtes vgl. unten S. 165 ff.

23 Ägyptisches Totenbuch, S. 235.

24 Verfasser nicht bekannt.

25 Conzeth: Lichtzeiger, o. S. Hier auch die fotografische Dokumentation der Beobachtungen Conzeths.

26 Vgl. auch G. von dem Borne, S. 64.

27 Hawkins: Stonehenge Decoded; R. Müller: Der Himmel über dem Menschen der Steinzeit, Berlin 1970.

28 M. G. Wosien: Sakraler Tanz, S. 53.

29 Hekatäus, zit. bei Diodor von Sizilien, Ausg. von A. Stroth, Frankfurt, 1782–1787.

30 Zit. nach Pauly-Wissowa, Artikel „Schwan", Sp. 788.

31 Nacherzählt nach der Edda: Der Seherin Weissagung (Völuspa).

32 Schmidbauer, S. 22.

33 Nach einem Bericht vom 5. 1. 89 in den Lübecker Nachrichten. Dr. Andres Magnusson arbeitet am Isländischen Nationalhospital in Reykjavik.

34 Vgl. Frazer: Der Goldene Zweig, S. 918 ff.

35 Text aus der Völuspa, S. 51 ff. und 56 ff.

36 Viele Quellen mythologischer, klimatologischer und archäologischer Herkunft für diese These bei Spanuth: Die Atlanter, S. 230 ff. Vgl. auch den Bericht über den Kometen Halley in GEO 11, 85.

37 Vgl. Hämmerling: Mondgöttin Inanna, S. 15 ff.

38 Vergil: Aeneis, 6. Buch.

39 Lebenskrisen oder -schwellen als Lebenschancen: Das rituelle Geleit und das Erschließen unseres intuitiven Wissens in solchen biografischen Umbruchzeiten ist unserer Kultur verlorengegangen. Um die Wiederbelebung dieser alten und hochaktuellen Symbole und Rituale des Übergangs bemüht sich The School of

Lost Borders in Kalifornien. Ihre Kontaktperson und Beauftragte in Deutschland ist Irmtraut Schäfer, Seestr. 8, 8000 München 40.

40 Vgl. dazu Hämmerling: Mondgöttin Inanna, S. 59 f.

41 Zit. nach E. Neumann: Ursprungsgeschichte des Bewußtseins, Frankfurt o. J., S. 92 f.

42 Der Gott und sein Kultlied, der Paian, gehörten von Anfang an zusammen. Mit dem Paian wurde er herbeigerufen und offenbarte sich auch im Lied. Auffallend ist der mantrische Klang der Silben!

43 Apollonius von Rhodos: Argonautika II.

44 Vgl. Hämmerling: Orpheus' Wiederkehr, S. 198 ff.

45 J. Wieland-Burston: Chaotische Gefühle, Zürich 1989, S. 111 ff.

46 Zit. nach Eliade, Band III, S. 349.

47 Vgl. Marilyn Ferguson: Die sanfte Verschwörung. Eine solche Große Göttin ist Inanna: vgl. Hämmerling: Mondgöttin Inanna, Zürich 1990.

48 Eckhardt – Odenwald, in: Chancen 2, 1988, S. 16. Nach den Vorarbeiten des genialen russischen Biologen und Physikers Alexander Gurwitsch (1922) haben die beiden Physiker Dr. Fritz-Albert Popp (Kaiserslautern) und Prof. Ke-Hsueh Li (Chines. Akademie der Wissenschaften) diese Theorie einer „lichtgesteuerten Zellkommunikation" gemeinsam entwickelt. – Zur Biophotonen-Forschung vgl. auch esotera 12, 1989, und 1, 1990 (bei Bauer, Freiburg). Von dem Autor dieser Artikel, Marco Bischof, erscheint im Frühjahr 1990 das Buch „Biophotonen – das Licht, das unsere Zellen steuert". Vgl. auch Literatur von F.-A. Popp!

49 Eckhardt – Odenwald, a.a.O., S. 8 ff.

50 Th. M. Schmidt: Musik und Kosmos, S. 174 ff.

51 Dazu die Werke von Hans Kayser und Rudolf Haase über die Weltharmonik. Anwendbare Methoden bei Cousto: Die kosmische Oktave (vgl. Lit.!).

52 John Diamond: Lebensenergie, S. 13.

53 Belege dazu in Hämmerling: Orpheus' Wiederkehr.

54 John Diamond: Der Körper lügt nicht – Angewandte Kinesiologie (vgl. Lit.): hier die Testverfahren für die Lebensenergie.

55 Diamond: Lebensenergie, S. 110 ff.

56 Kerényi: Mythologie I, S. 83.

57 A.a.O., S. 84.

58 Zit. nach a.a.O., S. 118.

Literaturverzeichnis

Das Ägyptische Totenbuch. München 1955.

Bischof, Marco: Lebenslicht. Art. in: esotera 3. Freiburg 1988, S. 34 ff.; esotera 12, 1989, S. 58 ff., und esotera 1, 1990, S. 68 ff.

von dem Borne, Gerhard: Der Gral in Europa. Frankfurt 1987.

Brauchle, Alfred: Das große Buch der Naturheilkunde. Gütersloh 1977, S. 230 ff.

Bräutigam, W. und Christian, P.: Psychosomatische Medizin. Stuttgart 1981.

Breuer, Reinhard: Ein Außerirdischer kehrt zurück (der Komet Halley). Art. in: GEO 11. Hamburg 1985, S. 48 ff.

Clemens, Richard (Hrsg.): Die Sibyllinischen Orakel. Wien 1984.

Conzeth, Norbert: Lichtzeiger. Sonnenwendbeobachtungen an deutschen Kultplätzen. 2831 Kalte Zeit 3, o. J.

Cousto, Hans: Die kosmische Oktave. Der Weg zum universellen Einklang. Essen 1984.

Diamond, John: Der Körper lügt nicht (Angewandte Kinesiologie). Freiburg 1983.

ders.: Lebensenergie in der Musik. Südergellersen 1983.

Eckhardt, N. und Odenwald, M.: Lebensfaden Licht. Art. in: Chancen 2. Köln 1988, S. 7 ff.

Die Edda. DDR–Berlin 1987.

Eliade, Mircea: Geschichte der religiösen Ideen, Band I–III. Freiburg 1978 (3. Aufl. 1980).

Frazer, James George: Der Goldene Zweig. Reinbek bei Hamburg 1989. Orig. ausg. 1922: The Golden Bough.

Gebser, Jean: Ursprung und Gegenwart, Band 1–3 (1949). München 1973. TB.

Golther, Wolfgang: Handbuch der germanischen Mythologie. O. O. 1908.

Gottschalk, Herbert: Lexikon der Mythologie. München 1979.

Hämmerling, Elisabeth: Mondgöttin Inanna – Ein weiblicher Weg zur Ganzheit. Zürich 1990.

dies.: Orpheus' Wiederkehr. Der Weg des heilenden Klanges. Interlaken 1984.

Hildegard von Bingen: Gott sehen. München 1987.

Jamblichus: Über die Geheimlehren. Schwarzenburg/Schweiz 1978.

Jung, C. G.: Psychologie und Alchemie. Olten und Freiburg 1975.

ders.: Symbole der Wandlung. Zürich 1952.

Kerényi, Karl: Die Mythologie der Griechen, Band I und II. München 1966.

Kluge, Friedrich: Etymologisches Wörterbuch der deutschen Sprache. Berlin 1960, 18. Aufl.

Lurker, Manfred: Götter und Symbole der Alten Ägypter. Bern–München 1974.

ders.: Wörterbuch der Symbolik. Stuttgart 1983.

Mythologie der Völker, Band 1–3, hrsg. von Pierre Grimal. Hamburg 1963.

Ogtrop, Arnold und Verena van: Europäische Meditation, Heft 1–4. 2341 Falshöft 1965 und folgende.

Orpheus. Altgriechische Mysterien. Köln 1982.

Ovid: Metamorphosen. Stuttgart o. J.

Paulys Real-Enzyklopädie der klassischen Altertumswissenschaft, hrsg. von Wissowa (RE). Stuttgart 1894 und folgende.

Popp, Fritz-Albert: Biologie des Lichts. Grundlagen der ultraschwachen Zellstrahlung. Berlin–Hamburg 1984.

von Ranke-Graves, Robert: Die Weiße Göttin. Reinbek bei Hamburg 1988. Orig. 1948.

Richter, Horst Eberhard: Herzneurosen. Gießen 1969.

Roscher-Witt: Lexikon der griechischen und römischen Mythologie, Band VI. Hildesheim 1965.

Schmidbauer, Wolfgang: Alles oder nichts. Über die Destruktivität von Idealen. Reinbek bei Hamburg 1980.

Schmidt, Thomas Michael: Musik und Kosmos als Schöpfungswunder. Frankfurt 1974.

Schwery, Walter: Im Strom des Erwachens. Interlaken 1988.

Spanuth, Jürgen: Die Atlanter. Tübingen 1977, 3. Aufl.

Stein, Edith: Im verschlossenen Garten der Seele. Freiburg 1987.

Streit, Jakob: Sonne und Kreuz. Stuttgart 1986, 2. Aufl.

Székely, E. Bordeaux: Das Evangelium der Essener. Südergellersen 1988.

Treben, Maria: Gesundheit aus der Apotheke Gottes. A-4400 Steyr 1982, 7. Aufl.

Urkunden zur Religion des Alten Ägypten, hrsg. von Günther Roeder. Düsseldorf–Köln 1978.

Vergil: Aeneis. Frankfurt und Hamburg 1963.

von der Wehl, Rotraud: Der wunderbare Fischzug. 12 Märchen von menschlichen Berufen. Kuppenheim–Murgtal o. J. Darin: Die singenden Steine.

Wernick, Robert u. a.: Steinerne Zeugen früher Kulturen. Nederland BV, 1974 (Time Life).

Wörterbuch der Mythologie, Band I–III, hrsg. von H. Haussig. O. O. 1965, 1973.

Wosien, Maria-Gabriele: Sakraler Tanz. München 1988.

dies.: Tanz – im Angesicht der Götter. München 1986.

Urbilder der kristallinen Materie
Zum Foto auf dem Umschlag von Manfred P. Kage

Wissenschaftlich ausgedrückt, handelt es sich bei diesen Bildern um willkürlich gesteuerte Kristallisationen natürlicher und synthetischer Stoffe, die zwischen zwei Glasplatten durch Temperatureinfluß aus der Schmelze rekristallisiert oder durch Verdunstung des Lösungsmittels kristallisiert wurden. Diese Kristallpräparate werden in einem Kameramikroskop mit Hilfe von polarisiertem Licht und einem von Kage entwickelten Spezialkompensator, dem Polychromator, fotografiert.

Der Polychromator ist eine Art optischer Synthesizer oder besser ein „optisches Musikinstrument", mit dem Kaskaden von Klangfarben in einerseits gesetzmäßiger, andererseits beliebiger Folge von Farbklängen gestaltet werden können. So lassen sich beispielsweise von einem Gesteinsdünnschliff, einer hauchdünnen Schicht von kristallisiertem Schwefel oder von Sphäritgefügen des Triphenylmethans eine unerschöpfliche Fülle von permutierenden Farbvariationen erzeugen. Was steckt nun aber dahinter?

Die Aggregatzustände der festen Kristalle, der kristallinen und amorphen Flüssigkeiten sowie der gasförmigen Stoffe entsprechen den Tamas, Rayas und Satvas der indischen Sankhja-Philosophie, welche die statischen Niveaus der Verwandlungen und

189

Seinszustände bezeichnen. Die europäische Analogie dazu wären Physis, Bios, Psyche und Pneuma, denen auf der materiellen Seite die Zustände fest, kristallin-flüssig (mesomorph), flüssig und gasförmig entsprechen.

Wer sich mit der Entstehung der Planeten beschäftigt, kennt die immense Bedeutung der Kristallisations- und Erstarrungsvorgänge in der Planetenoberfläche, die Gesteins- und Gebirgsschichten hervorbringen. Die Kristallbildung ist das Urmodell der Festkörperanteile aller Lebewesen; Kristallgitter finden sich in der Zellulose und damit im Holz, in den Kieselskeletten der Radolarien und Diatomeen, in den Schalen und Panzern der Korallen, Muscheln und Seeigel sowie in den Kalkgefügen des Knochenbaus der Säugetiere.

Durch chemische oder alchimistische Verwandlungen des Stoffes lassen sich neue Kristallformen erzeugen; künstlerische Empfindung und der unerschöpfliche Formenreichtum der Natur treten miteinander in Kommunikation.

Ein optisches Kaleidoskop mit zwei Präzisionsspiegeln ermöglicht zusätzlich die Symmetrierung der kristallinen Bildwerke zu Mandalas, den Urbildern der Seele. Die suggestive Zentrierung, die das Auge zur Mitte lenkt, eröffnet einen Blick in den imaginären, mythischen Raum, in welchem die Strukturen der Materie und der Psyche nicht voneinander zu unterscheiden sind.

Elisabeth Hämmerling
Mondgöttin Inanna

Ein weiblicher Weg zur Ganzheit
Buchreihe „Zauber der Mythen"
152 Seiten, gebunden · ISBN 3-268-00096-7

Der Mythos der sumerischen Göttin Inanna korrespondiert mit den Phasen des Mondes, der nach alten Überlieferungen das weibliche Gestirn ist. Der Mond ist mehr als ein romantischer Begleiter der Liebenden. Sein Einfluß auf die Gezeiten, auf das Pflanzenwachstum und die Rhythmen des Lebens, auch in der Frau, ist größer, als bisher erforscht wurde. Die Mondphasen beeinflussen die Stimmungen, die Launen (Luna) des Menschen.

Der Inanna-Mythos gestaltet diese Phasen in ebenso liebenswerten wie tiefgründigen Bildern. Wie die junge Mondsichel sich durchsetzt gegen das Dunkel, das ist ein Bild für das junge Mädchen Inanna. Als zunehmender Mond lädt sie ihr Boot voll mit Gaben der Weisheit, als Vollmond vollzieht sie die Hochzeit mit dem Hirten Dumuzi, als abnehmender Mond steigt sie hinab in die Unterwelt und wird von ihrer abgründigen Gegenspielerin, der Herrin der Unterwelt, getötet. Die Wandlung, die dadurch in der Unterwelt selbst hervorgerufen wird, gehört zum Bewegendsten, was die Mythologie der Völker zu erzählen weiß. Inanna wird aus der Unterwelt befreit, vergißt aber ihre nächtliche Schwester nicht, sondern gewinnt durch sie Strenge und Barmherzigkeit.

Elisabeth Hämmerling erzählt den Mythos nach und zeigt, wie er der Frau von heute als Vorbild für den eigenen Weg zu Reife und Weisheit dienen kann.

Kreuz Verlag

Neben dem vorliegenden Band sind
in der Reihe »**Zauber der Mythen**«
bereits erschienen:

Rosmarie Bog · Die Hexe
Schön wie der Mond – häßlich wie die Nacht

Elisabeth Hämmerling · Mondgöttin Inanna
Ein weiblicher Weg zur Ganzheit

Hans Jellouschek · Semele, Zeus und Hera
Die Rolle der Geliebten in der Dreiecksbeziehung

Verena Kast · Sisyphos
Der alte Stein – der neue Weg

Lutz Müller · Der Held
Jeder ist dazu geboren

Jörg Rasche · Prometheus
Kampf zwischen Sohn und Vater

Ingrid Riedel · Demeters Suche
Mütter und Töchter

Olga Rinne · Medea
Das Recht auf Zorn und Eifersucht

Theodor Seifert · Weltentstehung
Die Kraft von tausend Feuern

Tonius Timmermann · Die Musen der Musik
Stimmig werden mit sich selbst

Angela Waiblinger
Große Mutter und göttliches Kind
Das Wunder in Wiege und Seele

Kreuz Verlag